D1876520

डॉ. विनोद प्रकाश गुप्ता 'शलभ'

भारतीय प्रशासनिक सेवा के सेवानिवृत्त अधिकारी डॉ. विनोद प्रकाश गुप्ता 'शलभ' का जन्म 17 अप्रैल, 1949 को नाहन, ज़िला सिरमौर, हिमाचल प्रदेश में हुआ। आपने अर्थशास्त्र में पी.एच-डी. करने के अलावा क़ानून, गांधी दर्शन, मानवाधिकार और पत्रकारिता में भी डिग्रियाँ और डिप्लोमा अर्जित की हैं।

आपकी प्रकाशित कृतियाँ हैं—'चारों दिशाएँ' (कविता-संग्रह); 'आओ नई सहर का नया शम्स रोक लें', 'बूँद बूँद ग़ज़ल' (ग़ज़ल-संग्रह)।

आपने अशोक महापात्रा के अंग्रेज़ी काव्य-संग्रह 'माई आफ़्टरनून पोयम्ज़' का हिन्दी में 'उत्तरार्द्ध' शीर्षक से अनुवाद भी किया है।

हिन्दी और अंग्रेज़ी की प्रतिष्ठित पत्र-पत्रिकाओं में आपकी रचनाएँ प्रकाशित हुई हैं।

उल्लेखनीय साहित्य-सृजन के लिए आपको 'गायत्री शिरोमणि सम्मान', 'सोपान साहित्यिक सम्मान' और 'अनुबन्ध साहित्य भूषण सम्मान' समेत कई सम्मान और पुरस्कार प्रदान किए जा चुके हैं। 'नारायणी' साहित्य अकादेमी, नई दिल्ली और रचनाकार संस्था, कोलकाता सहित कई संस्थाएँ आपको सम्मानित कर चुकी हैं।

आप अमेरिका, कनाडा, इंग्लैंड, फ्रांस, इटली, स्विट्ज़रलैंड, बेल्जियम, मलेशिया, सिंगापुर, न्यूज़ीलैंड, आस्ट्रेलिया और श्रीलंका सहित कई देशों की यात्राएँ कर चुके हैं।

सम्प्रति : आप नवल प्रयास शिमला, साहित्यिक संस्था के राष्ट्रीय अध्यक्ष; डी.ए.वी. संस्था, दिल्ली की प्रबन्धन समिति के निर्वाचित सदस्य तथा इंस्टिट्यूट ऑफ़ ह्यूमन राइट्स, दिल्ली में विज़िटिंग प्रोफ़ेसर हैं।

सम्पर्क : vinjisha55@yahoo.co.in

बूँद-बूँद ग़ज़ल

डॉ. विनोद प्रकाश गुप्ता 'शलभ'

राधाकृष्ण पेपरबैक्स

राधाकृष्ण पेपरबैक्स में
पहला संस्करण : 2022

राधाकृष्ण पेपरबैक्स : उत्कृष्ट साहित्य के जनसुलभ संस्करण

राधाकृष्ण प्रकाशन प्रा. लि.
जी-17, जगतपुरी
दिल्ली-110 051
द्वारा प्रकाशित

शाखाएँ : अशोक राजपथ, साइंस कॉलेज के सामने, पटना-800 006
पहली मंजिल, दरबारी बिल्डिंग, महात्मा गांधी मार्ग, प्रयागराज-211 001
36 ए, शेक्सपियर सरणी, कोलकाता-700 017

वेबसाइट : www.radhakrishnaprakashan.com
ई-मेल : info@radhakrishnaprakashan.com

बी. के. ऑफसेट
नवीन शाहदरा, दिल्ली-110 032
द्वारा मुद्रित

मूल्य : ₹250

BOOND-BOOND GHAZAL
Ghazals by Dr. Vinod Prakash Gupta 'Shalabh'

ISBN : 978-93-91950-53-8

जिनकी सहृदयता से यह संग्रह सम्भव हुआ
मेरी अटूट श्रद्धा के प्रतीक
मेरे ग़ज़ल गुरु व अज़ीम उस्ताद शाइर
जनाब विजय कुमार स्वर्णकार

मेरे परामर्श दाता व अज़ीज़ मित्र
देश के सुप्रसिद्ध शाइर
द्विजेन्द्र द्विज

मेरे पूरे परिवार—
पत्नी शशु, बेटी स्मृति, बेटा विवेक, बहू शाइना और
दोनों पोतियाँ मान्या व शिवन्या को

क्रम

अदम्य जिजीविषा व जीवन के उल्लास के उत्सर्ग का गौरवगान

छन्द मुक्त कविता के ध्वजवाहकों द्वारा 'सिर्फ़ हुस्नो-इश्क़', 'साकी व साग़रो-मीना', 'गुलो-बुलबुल पर केन्द्रित', 'केवल आध्यात्म की उड़ान', 'दरबारों से निकली हुई', 'अभिव्यक्ति के लिए अपर्याप्त', 'केवल तुकबन्दी' कहकर लगातार नकारे और हाशिए पर धकेले जाने के निरन्तर प्रयास किए गए हैं। इसके बावजूद, देवनागरी लिपि में लिखी जाने वाली ग़ज़ल अपनी सहज सम्प्रेषण शक्ति के कारण लोकचेतना व लोकधर्मिता की सशक्त अभिव्यक्ति का पर्याय बनी हुई है। इसकी भाषा गंगा-जमुनी सभ्यता और संस्कृति का विकसित रूप है। नतीजतन, इसका जादू ग़ज़ल के असंख्य रसिकों के सर चढ़कर बोलता आया है। छन्दमुक्त एवं छान्दसिक कविता के अनूठे गुणों से सम्पन्न यह काव्य विधा भले ही आलोचकीय अनदेखी व उपेक्षा का शिकार रही हो, लेकिन इसकी लोकप्रियता निरन्तर व उत्तरोत्तर बढ़ी है। ग़ज़ल ने अपने पारम्परिक स्वरूप के निरन्तर विकास के साथ वैयक्तिकता से वस्तुपरकता का सफ़र तय करते हुए प्रखर अभिव्यक्ति व सहज सम्प्रेषण शक्ति की ऊँचाइयों को छुआ है। वैचारिकता, प्रतीकात्मकता, सांकेतिकता, तग़ज़्ज़ुल व शेरियत जैसे ग़ज़ल विधा के प्राण तत्व निरन्तर विकसित हुए हैं। अरबी-फ़ारसी से उर्दू व उर्दू से हिन्दी और हिन्दी की तमाम उपबोलियों में भी सदियों से ग़ज़ल कही जा रही है, यह बात ग़ज़ल की रचनात्मक पूर्णता के पक्ष में जाती है। कला और साहित्य की अन्य विधाएँ अगर अपने आप में पर्याप्त और पूर्ण होने का दावा करती हैं तो हाँ, ग़ज़ल भी रचनात्मक रूप में पर्याप्त और पूर्ण है। सड़क से संसद तक गज़ल के शे'रों का दोहे और चौपाई की तरह उद्धृत किए जाने का गुण, ग़ज़ल विधा की अप्रतिम सम्प्रेषण शक्ति, मारक क्षमता एवं प्रभावोत्पादकता

का परिचायक है। मानवीय अनुभव जगत् का कोई विषय, विमर्श अथवा प्रश्न ऐसा नहीं है जो ग़ज़ल के विशाल कैनवस पर न उभरता हो।

ग़ज़ल के इसी परिदृश्य में हिमाचल प्रदेश के नाहन ज़िला सिरमौर में जन्मे बहुमुखी प्रतिभासम्पन्न भारतीय प्रशासनिक सेवा के वरिष्ठ अधिकारी, उत्कृष्ट कवि एवं शे'र कहने की नैसर्गिक प्रतिभा, प्रखर संवेदना व सहज अभिव्यक्ति से सम्पन्न ग़ज़लकार डॉ. विनोद प्रकाश गुप्ता 'शलभ' एक जाना-पहचाना नाम है। आप 'नवल प्रयास' संस्था के राष्ट्रीय अध्यक्ष हैं और देश के कई बड़े शहरों में साहित्य को प्रोत्साहित करने के लिए काव्य/ ग़ज़ल संध्याओं के सफल आयोजन करवा चुके हैं। ग़ज़ल विधा के संरक्षण, परिष्कार व प्रचार को समर्पित डॉ. विनोद प्रकाश गुप्ता 'शलभ' ने डिजिटल माध्यमों से भी बहुत-से महत्त्वपूर्ण आयोजन करवाए हैं। 'शलभ' जी ने ग़ज़ल के परिवेश व परिष्कार की परम्परा में रच-बस कर लगभग तमाम शीर्षस्थ शायरों व ग़ज़लकारों की ग़ज़लों का निरन्तर अध्ययन करते हुए एक जिज्ञासु व मेधावी शिष्य की तरह व्याकरण और वर्तनी के आधारभूत नियमों के ज्ञानार्जन और अपनी व्यक्तिगत प्रतिभा से कहन के नएपन के साथ ग़ज़ल कहने के अपने स्वप्न को साकार किया है, जिसकी सुखद परिणति उनका प्रस्तुत ग़ज़ल-संग्रह है। उल्लेखनीय है कि आपने मात्र तीन वर्षों में ग़ज़ल विधा के कथ्य और शिल्प की बारीकियों को आत्मसात् करके ग़ज़ल कहना आरम्भ किया और वर्ष 2019 में अपने प्रथम ग़ज़ल-संग्रह 'आओ नई सहर का नया शम्स रोक लें' के प्रकाशन के साथ ग़ज़ल के पटल पर अपनी धमाकेदार उपस्थिति अंकित करवाई है। इस ग़ज़ल संग्रह में 'मेरा पक्ष' शीर्षक से उनका आत्मकथ्य भी ग़ज़ल और ग़ज़ल की बारीकियों का महत्त्वपूर्ण दस्तावेज़ है। आपने अपनी ग़ज़लों के कथ्य में साहसपूर्ण अभिव्यक्ति के नए प्रतिमान स्थापित किए हैं। इस तथ्य की पुष्टि उनके ग़ज़ल संग्रह में उनकी ग़ज़लों पर हमारे समय के बहुत से समर्थ ग़ज़लकारों/ शायरों की समीक्षात्मक टिप्पणियाँ बाख़ूबी करती है। 'शलभ' ग़ज़ल को 'पारम्परिक कविता से चार क़दम आगे चल रही कविता का कविता-कथन' मानते हैं। उनकी ग़ज़लें देश और दुनिया को बेहतरीन बनाने की शुभ्र भावना से ओत-प्रोत हैं। आप स्तब्ध कर देने वाली गतिशीलता के साथ निरन्तर सृजनरत हैं। देश की लगभग सभी महत्त्वपूर्ण साहित्यिक पत्रिकाओं में आपकी ग़ज़लें निरन्तर प्रकाशित होती रहती हैं।

प्रस्तुत ग़ज़ल-संग्रह 'बूँद-बूँद ग़ज़ल' डॉ. विनोद प्रकाश गुप्ता 'शलभ' का दूसरा ग़ज़ल-संग्रह है, जिसमें विकराल कोरोना काल में उनके द्वारा रचित 320 ग़ज़लों में से पहली 101 ग़ज़लें संकलित हैं। मेरा सौभाग्य कि मैं इन में से अधिकांश ग़ज़लों का प्रथम पाठक रहा हूँ। क्रूर कोरोना काल की विभीषिका से उपजी हतप्रभ करने वाली असह्य वेदना इन ग़ज़लों की भावभूमि में है जो समग्रता और प्रभावोत्पादकता के साथ शे'रों में अभिव्यक्ति हुई है। प्रस्तुत संकलन की पहली ग़ज़ल को भी इस संग्रह की भूमिका के पर्याय के रूप में पढ़ा जा सकता है।

आपदा में अवसर तलाशती राजनीति व बाज़ार-व्यवस्था की आत्म-मुग्ध महत्त्वाकांक्षाओं द्वारा जले पर नमक छिड़कने के उपक्रम पर उनका आक्रोश और क्षोभ सहज अभिव्यक्ति पाता है। ये ग़ज़लें हमारे क्रूर वर्तमान की धड़कनें हैं और कहना चाहूँगा कि ये ग़ज़लें जागरूक व सजग फ़ोटोग्राफ़र के सचेतक फ़ोटो शूट जैसी विभिन्न विमर्शों के अनन्त आकाश की झलकियों को प्रस्तुत करती हुई ग़ज़लें हैं। उनकी ग़ज़लें अनन्य सम्प्रेषण-सम्पन्नता, उद्धरणीयता, पढ़ते ही स्मरण हो जाने की ख़ूबी और प्रभावोत्पादकता के कारण अभिव्यक्ति की प्रखरता का सुखद प्रमाण हैं।

इस संकलन की ग़ज़लें क़ानून, अर्थशास्त्र, गांधीदर्शन, मानवाधिकार, पत्रकारिता जैसे विषयों के मर्मज्ञ, क्लासिक विश्व-साहित्य के गहन अध्येता, कवि हृदय प्रशासनिक अधिकारी और जनवादी विचारों के प्रबल समर्थक की अनुभव-सम्पन्न दृष्टि और सजग लेखनी से हमारे वर्तमान की वस्तुपरक समीक्षा है, जिसमें देश और दुनिया के श्रीधरों के द्वारा अपने-अपने गढ़े हुए साक्ष्यों के आधार पर रचे जा रहे इतिहास के समानान्तर एक और इतिहास और वर्तमान अभिव्यक्ति पाता है। ये ग़ज़लें हमारी सामाजिक, राजनैतिक व्यवस्था के दोग़लेपन और दरारों का सूक्ष्म दर्शन भी हैं, जिन्हें देश के नियन्ताओं व कर्णधारों के द्वारा निरन्तर मीडिया और विज्ञापनों की चकाचौंध में छुपाने के प्रयास किए जाते हैं। वैचारिकता इनकी ग़ज़लों की सबसे बड़ी शक्ति है। ये ग़ज़लें यथार्थबोध के थपेड़ों के साथ मन-मस्तिष्क को झिंझोड़ती हैं, तो प्रकृति और मानवता के प्रति प्रेम के संगीत से झंकृत भी करती हैं। इन ग़ज़लों में मनुष्य के हाथों प्रकृति और मानवता के साथ खिलवाड़ का स्वरांकन व छायांकन है।

भौतिकता के वशीभूत व्यक्ति की अन्तरात्मा की अनसुनी आवाज़, सत्ता के उजाले पर सदा अपना आधिपत्य कायम रखने के लिए धर्मभीरु अवाम की आस्थाओं का निरन्तर दोहन करते आ रहे धर्म और राजनीति की परस्पर निर्भरता और साँठ-गाँठ से उपजी दुरस्थितियाँ, व्यापक सामाजिक, आर्थिक विषमता, दिशा विहीन युवा आक्रोश, मुफ़लिस, आधी आबादी, मेहनतकश मज़दूर और किसान की संघर्ष गाथा, उपभोक्तावाद व बाज़ारवाद की संस्कृति में मानवीय मूल्यों का ह्रास, लोकतांत्रिक मर्यादाओं का अवमूल्यन, मनुष्य को कठपुतली में परिवर्तित किए जाने का उपक्रम, व्यक्तित्व लोप, प्रत्येक समस्या के समाधान का दावा करते हुक्मरानों की कथनी व करनी की असमानता, देश के श्रीधरों के मासूमियत के मुखौटों के पीछे का क्रूर चेहरा, साम्प्रदायिकता शक्तियों के दबाव में कबीलों में सिमटने को विवश दुनिया, लोकतंत्र के सजग प्रहरी चौथे स्तम्भ के बिकाऊ हो जाने की वेदना, आवश्यक परिस्थितियों में फ़नकारों और अदीबों की प्रतिवादहीनता तथा और भी ऐसे कितने ही विमर्श योग्य विषय उनके शे'रों में सफल अभिव्यक्ति पाते हैं। मानवता से जुड़ा शायद ही कोई विषय और अनुभूति हो जो उनकी ग़ज़लों के विस्तृत कैनवस पर उभरने से रह गए हों।

अपनी ग़ज़लों के मक़्ते में डॉ. विनोद प्रकाश गुप्ता अपने तख़ल्लुस (उपनाम) 'शलभ' का अर्थपूर्ण से ढंग से प्रयोग करते हैं। ढाई आखर में असीम भंगिमाएँ समेट कर रखनेवाला वर्णनातीत भाव 'प्रेम' अथवा इश्क़ भी अपने लौकिक व अलौकिक स्वरूप में इस संकलन की ग़ज़लों के आधार में है। 'शलभ' (परवाने) का जीवन की शम्अ के लिए जुनून उनके शे'रों की शक्ति है।

उनके विविध आयामी सृजन की ऊँचाई और गहराई का पता देते कुछ शे'र :

तय किया करते थे जो ख़ुद मौसमों के सब मिज़ाज,
वक़्त की आँधी ने उन सबको उड़ा कर रख दिया।

जो मेरी आँखों में था नक़्शा जला कर रख दिया,
रहबरों की भीड़ ने मुझको मिटा कर रख दिया।

सभी तल्लीन हैं बेहिस निठल्ली गुफ़्तगू में,
डगर पर भूखा-प्यासा कोई लेकिन मर रहा है।

तेज़तर रफ़्तार के जितने अलमबरदार थे,
उनकी फ़ितरत में तो इक कछुआ नज़र आया मुझे।

अनगिनत छाले 'शलभ' बेशक हैं उनके पाँवों में,
पर दिलों में ताज़गी है देख कर हैरान हूँ।

ज़िन्दगी की दौड़ में जब-जब थका है आदमी,
गिर के सँभला, फिर उठा, उठ के चला है आदमी।

तल्ख़ियाँ सब दूर करने का असर पैदा किया,
हमने रेगिस्तान में भी गुलमोहर पैदा किया।

उसमें खाया तो कई अपनी ज़ुबां भूल गए,
सोने की थाली में हमने वो करिश्मा देखा।

धरा को लूट खाने की लगी है होड़ आदम में,
धरा से भी रियायत, अब बताओ कौन करता है।

कहाँ तक आप अगुवाई करेंगे उनके ज़ख़्मों की,
मैं हर मुफ़लिस के ग़म का ख़ुद छपा अख़बार होता हूँ।

जो समझते ही नहीं प्यार की भाषा मेरी,
आप उनके लिए अनुवाद करेंगे मुझको?

अजब किरदार होता है सियासत के सिंहासन का,
अगर दरवेश भी बैठे वो पाकीज़ा नहीं होता।

जिसे मैं ढूँढ़ने निकला वो मेरा ही पता निकला,
हुआ गुमराह जिससे ख़ुद ही मैं वो नाख़ुदा निकला।

हवाओं में कहाँ से इतना विष घुलने लगा साथी,
'शलभ' ये बेबसी के और लाचारी के मौसम हैं।

जिससे कि गूँजती थी मुहब्बत फ़िज़ाओं में,
अब साज़ चाहते हैं वो सरगम नहीं रहे।

अगर पीपल के पेड़ों से परिन्दे डर के उड़ जाएँ,
'शलभ' नाख़ून कुतरे तो, उसे हल्के में मत लेना।

ये ग़ज़लें हमारे वर्तमान के अभिशप्त और सन्तप्त जीवन की संश्लिष्ट सच्चाइयों की अभिव्यक्ति के साथ-साथ मनुष्य की अदम्य जिजीविषा व जीवन के उल्लास के उत्सर्ग का गौरवगान भी हैं। एक फ़क़ीर की दुआओं जैसी अभिमंत्रित शायरी के विविध रंग इस संग्रह को अभूतपूर्व बनाते हैं। एक सचेतक की भूमिका निभाते हुए इन ग़ज़लों को उन्होंने मानव कल्याण के लिए सम्पूर्ण परिवर्तनकामी चेतना के साथ रचा है। ये ग़ज़लें हमारे समय के सामाजिक, राजनैतिक, आर्थिक व धार्मिक परिवेश की नवीनतम प्रवृत्तियों की मुखर प्रतिध्वनि तो हैं ही, मानवीय सहनशीलता की सीमाओं के टूटने को उद्यत तटबन्धों की चेतावनी भी हैं। ये सारी ग़ज़लें इनसानियत के हक़ में दलीलें, फ़रियादें और दुआएँ हैं। मैं समर्थ ग़ज़लकार डॉ. विनोद प्रकाश गुप्ता 'शलभ' साहिब को अनन्य अभिव्यक्ति से सम्पन्न एक और सशक्त ग़ज़ल संग्रह के लिए हार्दिक शुभकामनाएँ देता हूँ।

2 अक्तूबर, 2021

—द्विजेन्द्र 'द्विज'
वार्ड नंबर-13, निकट आई. टी. आई.
लोअर बड़ोल, दाड़ी-176 057 (हि. प्र.)

अपनी बात

मेरी ग़ज़ल यात्रा वर्ष 2017 में प्रारम्भ हुई। यह एक अद्भुत सफ़र रहा और मेरे ऊपर सृजन की बारिशें हुईं और अनवरत हो रही हैं। परिणीति स्वरूप, मेरा प्रथम ग़ज़ल संग्रह, 'आओ नई सहर का नया शम्स रोक लें', 31 अगस्त, 2019 को दिल्ली पब्लिक लाइब्रेरी के अमीर खुसरो हॉल में लोकार्पित हो आप मित्रों के पास पहुँचा।

कोरोना काल ने सम्पूर्ण परिस्थितियाँ बदल दीं। मेरे रजिस्टर जिन पर मैंने 150 के क़रीब और ग़ज़लें कही थीं, वो सब हमारे सामान में कोलकाता चले गए और हमें चण्डीगढ़ के साथ लगते सेटेलाइट टाऊन ज़ीरकपुर में ठहरना पड़ा। देश में सम्पूर्ण लॉकडाऊन घोषित हो गया था, आने-जाने पर बन्दिश, घर में सरकारी आदेशानुसार स्वतः नज़रबन्दी, करें तो क्या करें।

मैंने मेरे मित्र व देश के अग्रणी ग़ज़लकार जनाब द्विजेन्द्र द्विज से बात की और उनकी इजाज़त ली कि मैं उन्हें हर रोज़ एक ग़ज़ल तसव्वुर कर भेजूँगा और द्विज जी उसे परामर्श के साथ लौटाएँगे। आप समझिए कि यह दो दोस्तों के मध्य एक क़रार हस्ताक्षर हो गया। मेरे ग़ज़ल गुरु आदरणीय विजय स्वर्णकार जी ने इस व्यवस्था पर मुहर लगा दी। बस, फिर क्या था? ख़ुदा का नूर बरसना शुरू हुआ और आज तक नहीं थमा; बस, गति थोड़ी धीमी हो गई। मई 2020 से मार्च 2021 तक मैं 320 ग़ज़लें तसव्वुर कर सका—इसे ख़ुदा का इल्हाम ही समझिए कि मेरे ऊपर सुख़न की वो बारिशें हुईं कि मैं खुद हतप्रभ रह गया। जिस दिन ग़ज़ल न पहुँचती, द्विज साहेब का सन्देश आ जाता, "गुप्ता साहेब, आज ग़ैर हाज़िरी लग गई है" पर द्विज जी ने अपना कौल ख़ूब निभाया और बराबर परामर्श मिलता रहा, मोबाइल पर घंटों बातें होतीं, बहुत बार सहमति ही नहीं बनती, ये शे'र पुनः देख लें, मफ़्हूम (कथ्य), या उला सानी में तारतम्य

(रब्त) स्पष्ट नहीं हुआ, क़ाफ़ियों की बन्दिश लग गई इसे तोड़िए या सारे शे'र बन्दिश में कहिए, रदीफ़ लटक गई। कहने का तात्पर्य यह कि यह 10 महीने 24×7 की रफ़्तार से ग़ज़ल को समर्पित रहें और ये सब मजबून, क़ाफ़िये, रदीफ, कथ्य सब मेरे दिमाग़ की शुद्ध ऊपज हैं, जिसकी 100% ज़िम्मेवारी और दायित्व मेरा और केवल मेरा है (बहुत ग़ज़लें अभी अधूरी हैं और उन पर निरन्तर कार्य चल रहा है)।

वर्तमान ग़ज़लें कोरोना काल के समय में कही गईं हैं, विशेष परिस्थितियों में, लॉकडाऊन की क़ैद में, जब सम्पूर्ण संसार अत्यन्त विषम व भयावह संकट का सामना कर रहा था—ज़िन्दगियाँ धड़ाधड़ मौत की आग़ोश में जा रही थीं, कोई निदान नहीं था—कोई भी किसी भी वक़्त बिछुड़ सकता था। इन विकट परिस्थितियों में लेखन एकमात्र सम्बल बना, जीने की आशाएँ जगाता, डर को धताता, परिवार को एकजुट करता और समय से तारतम्य बनाता।

यह भूमिका देना नितान्त आवश्यक था, क्योंकि मेरे अगले तीन ग़ज़ल संग्रहों की समस्त रूपरेखा भी इन 10 महीनों में रोपित हुई, अंकुरित हुई, लहलहाई और काटकर गोदाम में भरी गई, जो अब तीन/चार संग्रहों में आप सब मित्रों के समक्ष परोसने का समय आ गया है—जिस कड़ी का पहला संग्रह 'बूँद-बूँद ग़ज़ल' मैं आपके समक्ष प्रस्तुत कर रहा हूँ।

मेरे इस ग़ज़ल संग्रह को अवतरित करने में प्रारम्भ से इति तक मित्र और देश के जाने माने ग़ज़लकार जनाब द्विजेन्द्र द्विज साहेब का बहुत बड़ा हाथ रहा है। मैं उनके प्रति कृतज्ञ हूँ और हृदय तल से अपने आभार प्रकट करता हूँ। द्विज साहेब के बिना ये सृजन अधूरे रह जाते।

इसी कड़ी में, इन 320 ग़ज़लों से 108 ग़ज़लें चुनी गईं 'बूँद-बूँद ग़ज़ल' के लिए, जिनके चुनाव की प्रक्रिया मेरे ग़ज़ल गुरु आदरणीय विजय स्वर्णकार जी के परामर्श से इन्तख़ाब हुई और अन्ततोगत्वा 101 ग़ज़लें इस संग्रह के लिए निश्चित की गईं। इन ग़ज़लों को तराशने में गुरु विजय स्वर्णकार का तहे दिल से शुक्रगुज़ार हूँ—उनके मानकों पर उतरने के लिए जी तोड़ मेहनत करनी पड़ी, कई-कई बार शे'र पुनः पुनः कहने पड़े। मेरे पहले ग़ज़ल संग्रह, 'आओ नई सहर का नया शम्स रोक लें' को तराशने में आमने-सामने बैठ कर घंटों मंत्रणाएँ होती थीं : मैं विजय स्वर्णकार जी के घर अक्सर जाता था शाम के चार-पाँच बजे के क़रीब और लौटता

रात को ग्यारह बारह बजे, पर इस बार कोरोना काल में ये मिलकर बैठने की सुविधा छिन गई। मैं शुक्रगुज़ार हूँ विजय व द्विज, दोनों का जिन्होंने व्हाट्सऐप पर इस कमी को पूरा किया और इस ग़ज़ल संग्रह को वर्तमान रूप में संकलित किया जा सका।

हाँ, अभी मैंने इन 320 ग़ज़लों को तीन बड़े लिफ़ाफ़ों में संचित कर दिया है। 5 मार्च, 2021 को मुझे पहला वैक्सीन लगा, 12 मार्च को मेरा कोविड टेस्ट हुआ और मैं कोरोना पॉज़िटिव पाया गया। आइसोलेशन में था जब 20 मार्च को तबीयत अचानक बहुत बिगड़ गई। दो-बार कुछ क्षणों के लिए बेहोश हुआ पर बेटे ने एम्बुलेंस बुलाकर फोर्टिस अस्पताल के गहन कक्ष में पहुँचा दिया। मुझे अहसास हुआ कि शायद अब घर लौट कर जाना मुमकिन न हो। पत्नी और विजय को आगाह किया की बाद में ही सही, संग्रह प्रकाशित करवा देना। ख़ैर, लम्बी लड़ाई के बाद मैं ठीक होकर घर तो आ गया, पर कोरोना का असर किसी न किसी रूप में अभी भी तंग कर ही रहा है। आजकल हर्पीज़ से जूझ रहा हूँ, असहनीय पीड़ा सह रहा हूँ।

बहुत-से मित्र व करीबी रिश्तेदार कोरोना की चपेट में आ ही गए, उनकी स्मृति को नमन। इस नुक़सान की भरपाई नामुमकिन है—उनके परिवारों के लिए मेरे परिवार व मेरी हार्दिक संवेदनाएँ।

कठिन-से-कठिन परिस्थितियों से भी लौटना ही पड़ता है। बहुत दुख और अवसाद के रहते भी लौट रहा हूँ, अपना दूसरा ग़ज़ल संग्रह 'बूँद-बूँद ग़ज़ल' लेकर, इस आशा के साथ कि वर्ष 2023 में आएगा तीसरा ग़ज़ल संग्रह, 'पत्ते चिनारों के', वर्ष 2024 में चौथा, 'त्रिशूल' और वर्ष 2025 में 'पाँचवाँ और अन्तिम शिलालेख'। भविष्य की यह रूपरेखा ज़रूरी है किसी भी 'अनहोनी' का सामना करने के लिए—ये सभी संग्रह लगभग तैयार हैं।

मित्रो, पाठको और मेरे चाहने वालो, ये सभी ग़ज़लें ईश्वर का प्रसाद हैं : 'वो' इलहाम कराता गया मैं काग़ज़ पर उतारता चला गया। जो 'उसने' मनोमस्तिष्क में उकेरा, मन में उद्वेलित किया, वही काग़ज़ पर उद्धृत हुआ। कैसे हुआ, मैं नहीं जानता।

इस दौरान मन निरन्तर शंकाओं से उद्वेलित व उद्विग्न रहा। एक डर बैठ गया था ज़ेहन में। उन नाना प्रकार की परिस्थितियों को मन बहुत ही तीक्ष्ण तरीक़े से महसूस कर रहा था/है। सामाजिक व आर्थिक परिवेश बहुत तेज़ी

से बदल रहे थे और अनवरत कुछ-न-कुछ घटित हो ही रहा है—जैसे तीसरी लहर की दहशत। लॉकडाऊन की वजह से जिस प्रकार मज़दूरों और असंगठित क्षेत्र के दैनिक भोगी व दूसरे कम वेतन भोगी कर्मचारियों का विस्थापन हुआ, वो दिल हिला देनेवाला रहा; करोड़ों कर्मचारियों की नौकरियाँ समाप्त हो गईं, वेतन घट गए, व्यवसायों को अभूतपूर्व नुक़सान उठाना पड़ा। कोरोना की दूसरी लहर से निपटने के लिए सरकारें तैयार नहीं थीं, जिसकी वजह से लाखों लोगों को जान से हाथ धोना पड़ा। ऑक्सीजन की कमी ने देशवासियों की मुश्किलों को और बढ़ा दिया—गंगा में बहती लाशों ने देश की आत्मा को शाश्वत रूप से घायल कर दिया। सियासत हर बात पर जुमले उछालती रही, समाज का ध्रुवीकरण, हिन्दू मुसलमानों के बीच निरन्तर बढ़ती खाई, अन्धभक्तों की भीड़, तंत्र के फ़ैसले, विरोधी स्वरों पर पुलिस व प्रशासनिक तंत्र से कसते शिकंजे, देशद्रोह व विभिन्न क़ानूनी धाराओं के बेजा इस्तेमाल ने हमारी लोकसत्ता को लगभग धराशायी कर दिया है। महामारी के क़हर ने देश बुरी तरह जकड़ लिया है। जीडीपी की गिरावट इस बात का संकेत है कि स्थिति अभी सुधरने वाली नहीं है। देश को कई ज्वलन्त मसलों ने अपनी गिरफ़्त में ले रखा है। किसानों का आन्दोलन, सीएए, अफ़ग़ानिस्तान की समस्या, चीन से भारत का सीमा विवाद, पाकिस्तान से और भी ख़राब होते रिश्ते, चीन का पड़ोसी देशों पर बढ़ता प्रभुत्व व ग़रीबों और अमीरों के बीच तेज़ी से बढ़ता अमीरी-ग़रीबी का फ़ासला, 80 करोड़ मज़दूरों व ग़रीबों की भुखमरी और सरकार का इन ज्वलन्त मुद्दों से आँखें मूँदे रखना या उतना प्रयास नहीं करना जितना अपेक्षित था, आने वाले ख़तरनाक समय की ओर इशारा कर रहा है।

मेरे अन्दर का कवि, शायर, साहित्यिक संवेदनाओं को हृदय से महसूस करने वाला व्यक्ति, आहत है, हताश है और हतप्रभ भी, सरकारी उदासीनता व तटस्थता को लेकर और यह देख कर भी कि सरकार अपने ध्रुवीकरण के मन्सूबों को कितनी तत्परता, चतुराई व दक्षता से आगे बढ़ा रही है। लोकतंत्र की जड़ें कट रही हैं, विरोध के स्वर किसी भी तरीक़े से घोटे जा रहे हैं, अभिव्यक्ति की स्वतंत्रता लगभग नगण्य रह गई है, सरकार पर संवैधानिक नियंत्रण रखने वाली महत्त्वपूर्ण संस्थाओं को हर प्रकार से रौंदा जा रहा है, प्रेस व न्यायिक स्वतंत्रता हास्य का बायस बन गई है और स्त्रियों को जुल्मों का पहिया यथावत् और भी प्रमुखता से रौंद रहा है।

मेरे अन्दर का शायर इन सब विद्रूपताओं, विसंगतियों और विडम्बनाओं से परिचित है, और, और भी परिचित होता जा रहा है।

मेरी ग़ज़लें इस ख़तरनाक काल जिसमें हम जी रहे हैं, का प्रतिनिधित्व करती हैं : अगर नहीं तो मेरे लेखन की कोई सार्थकता ही नहीं।

मेरा पूरा परिवार, चार स्थानों पर बिखरा होने के बाद, अन्ततोगत्वा एक घर में इकट्ठा हुआ और तब से लगातार मेरी कल्पनाओं, परिकल्पनाओं और मेरे साहित्यिक परों को परवाज़ दे रहा है।

मैं अपनी पत्नी व 48 वर्षों से मेरी अंतरंग दोस्त शशु (शशि किरण) का अत्यधिक आभारी हूँ जो मेरे रास्ते से हर बाधा को हटा मेरा मार्ग साफ ही नहीं, बल्कि प्रशस्त भी करती जाती है—मेरी हर ग़ज़ल पर सबसे पहले मेरी पत्नी की ही प्रतिक्रिया मिलती है। कईं ग़ज़लों के कथ्य को शशि ने बदलने का मशवरा दिया—जहाँ उनको शे'र के तग़ज्जुल में ख़ामी नज़र आई, उन्होंने बेबाक़ी से अपनी सलाह दी। मैं शशु की पैनी साहित्यिक समझ को नमन करता हूँ और उसके प्रति कृतज्ञ हूँ।

मेरी बेटी स्मृति, बेटे विवेक, बहू शाइना, मेरी बड़ी पोती मान्या व छोटी पोती शिवन्या का आभारी हूँ—इन सबने मेरा मनोबल बनाए रखा और मुझे अनवरत प्रेरित करते रहे।

मैं अपनी 8 वर्ष की छोटी पोती का विशेष रूप से आभारी हूँ जो मुझे सभी ऑनलाइन कार्यक्रमों से जोड़ती रही अन्यथा मेरे लिए इन कार्यक्रमों से जुड़ना असाध्य होता—उसी के इ-मेल आई डी व पासवर्ड से मैं कार्यक्रमों से जुड़ता था—शिवन्या दादू का तुम्हें बहुत-बहुत प्यार और शुक्रिया।

मैं अपने अनुज नानक चन्द व उसकी पत्नी व मेरी मित्र व आलोचक प्रेम लता गर्ग का आभार व्यक्त करता हूँ—आप दोनों मेरे शाश्वत सम्बल हैं और सदैव रहेंगे। अनुजा, निशा निशान्त का बहुत-बहुत शुक्रिया क़दम-क़दम पर मेरा साथ देने के लिए।

मैं उन सभी सम्पादकों के प्रति कृतज्ञ हूँ, जिन्होंने अपनी-अपनी स्तरीय व सुप्रसिद्ध साहित्यिक पत्रिकाओं में मुझे निरन्तर स्थान दे मेरे सृजन को ज़िन्दा रखने में मेरा मनोबल लगातार बनाए रखा। यद्यपि कोरोना काल बहुत कठिन व दुर्दान्त काल रहा पर इसकी एक विशेषता यह भी रही कि कवियों ग़ज़लकारों साहित्यकारों ने ऑनलाइन पटलों से देश-विदेश के साहित्यकारों को आपस

में गूँथ लिया। असंख्य कविता, ग़ज़ल, कहानी, लघु कथा व संस्मरणात्मक आयोजनों के द्वारा साहित्यकार आपस में बहुत शिद्दत से साहित्य का आदान-प्रदान करते रहे—एक-दूसरे को जानने-पहचानने का ये स्वर्णिम दौर रहा। ये बहुत ही प्रेरणादायक स्तोत्र रहा जिससे मुझे अभूतपूर्व व प्राणदायिनी सम्बल मिला, ग़ज़ल कहन की अद्वितीय प्रेरणा—भारतीय भाषा परिषद के मेरे मित्र डॉ. शम्भुनाथ, नीलाम्बर के अध्यक्ष यतीश भाई व समस्त नीलाम्बर परिवार, हृदयेश मयंक, निर्भय देवयांश, अपूर्व जोशी, स्व. राजीव कटारा, लक्ष्मी शंकर बाजपेयी, डॉ. चंद्र त्रिखा, अशोक नूर व अनीता सुरभी, मेरे मित्र एस.आर. हारनोट, आत्मा रंजन, दिनेश अग्रवाल व नीता व अन्य मित्रगण तथा मेरा अपना पटल नवल प्रयास शिमला जिसे नरेश चंद्रा मैज़िक मैन के सौजन्य से हमने भी अनेकानेक कार्यक्रम चलाए—इन सभी साहित्यकारों का मैं कृतज्ञ हूँ और रहूँगा।

मैं प्रकाश चंद हमारे पिछले 22 साल से कुक व व्यक्तिगत सहायक व संदीप पिछले 7 साल से हमारा ड्राइवर के प्रति कृतज्ञ हूँ जिन्होंने पूरा घर-परिवार इस कठिन काल में सँभालकर रखा।

दीपा का आभारी, जिसने इस संग्रह के प्रारूपों को तैयार करवाने में मेरी भरपूर मदद की।

राजकमल प्रकाशन, विशेष तौर से प्रिय अलिन्द महेश्वरी व आदरणीय अशोक महेश्वरी, प्रबंध निदेशक, राजकमल प्रकाशन समूह का आभार इस संकलन को आकर्षक मूर्त रूप प्रदान कर प्रकाशित करने के लिए।

समसामयिक विषयों व वर्तमान कोरोना समय की अनेकानेक परिस्थितियों का प्रतिनिधित्व करता मेरा यह ग़ज़ल संग्रह 'बूँद-बूँद ग़ज़ल' और इसमें निहित 101 ग़ज़लें मैं आप सब मित्रों व पाठकों को अर्पित करता हूँ और आशा करता हूँ कि आपको मेरी ग़ज़लें पसन्द आएँगी व आपका भरपूर आशीर्वाद मुझे मिलेगा।

आमीन।

—डॉ. विनोद प्रकाश गुप्ता 'शलभ'

लाया हूँ मैं अभिसार में भीगी हुई ग़ज़लें

लाया हूँ मैं अभिसार में भीगी हुई ग़ज़लें,
दिल के किसी तहख़ाने से निकली हुई ग़ज़लें।

आती हैं ये लोबान की ख़ुशबू में महकती,
रुख़सार की गर्मी से पिघलती हुई ग़ज़लें।

ये तल्ख़ कभी चुभती कभी मीठी लगे हैं,
ये सच की कसौटी पे तपाई हुई ग़ज़लें।

थोड़ी-सी ख़ुराफ़ात मुझे इश्क़ अता कर,
हरदम कहूँ अहसास में दहकी हुई ग़ज़लें।

हरदम मेरे चैतन्य को ये बोध हुआ है,
ज़िन्दा हैं हक़ीक़त में ये जागी हुई ग़ज़लें।

नदियों की कोई बात न साहिल, न समुन्दर,
बादल की तरह आती हैं उड़ती हुई ग़ज़लें।

इन आईनों के सच को ये स्वीकार करे क्यों,
ये तो हैं मेरे अक्स में डूबी हुई ग़ज़लें।

जैसी भी हैं, ये हैं मेरे मन का ही तो दर्पण,
झूठी नहीं हैं सच में नहाई हुई ग़ज़लें।

हैं बहुत लोग कि जो याद करेंगे मुझको

हैं बहुत लोग कि जो याद करेंगे मुझको,
और कुछ हैं कि जो अपवाद करेंगे मुझको।

जो समझते ही नहीं प्यार की भाषा मेरी,
आप उनके लिए अनुवाद करेंगे मुझको?

जीते जी चैन से रहने न दिया उन सब ने,
बाद मरने के भी बर्बाद करेंगे मुझको।

मेरे विश्वास मेरा साथ निभाते हैं सदा,
ये ही दुख-दर्द में फ़ौलाद करेंगे मुझको।

मैं मुक़र्रर[1] ही रहूँगा उन्हीं अपनों के लिए,
मेरी ग़ज़लों से जो इरशाद[2] करेंगे मुझको।

जिनके जी भर के सँवारे हैं अनेकों सपने,
सोच में अपनी वो बुनियाद करेंगे मुझको।

एक दिन शम्स तो मेरा भी मुनव्वर[3] होगा,
अब 'शलभ' दोस्त ही अनुनाद[4] करेंगे मुझको।

---

1. पुनः पुनः, 2. सुनाने का आग्रह करना, 3. उज्ज्वल, 4. प्रतिध्वनित

मौत भी यह जानती है इक दुआ है आदमी

मौत भी यह जानती है इक दुआ है आदमी,
इस ज़मीं पर ज़िन्दगी का सिलसिला है आदमी।

ज़िन्दगी की दौड़ में जब-जब थका है आदमी,
गिर के सँभला, फिर उठा, उठ के चला है आदमी।

कितने युग आए हैं कितने और आएँगे अभी,
वक़्त से जुड़कर सदा चलता रहा है आदमी।

आँधियाँ-तूफ़ान कितनी अनगिनत बीमारियाँ,
हैं पराजित जिससे, ऐसा हौसला है आदमी।

सारे पैग़म्बर निरर्थक कोई ईश्वर ही नहीं,
ख़ुद ही पैदा हो के तो, ख़ुद ही मिटा है आदमी।

सब चमत्कारों का मरकज़[1] सब वजूदों का वजूद,
कहकशां का सबसे अद्‌भुत मोजिज़ा[2] है आदमी।

घूमते हैं चाँद-तारे घूमता ब्रह्माण्ड भी,
इस धरा का इक अकेला क़ाफ़िला है आदमी।

---

1. केंद्र, 2. चमत्कार

साँस है रेशम की डोरी टूट जाए भी तो क्या,
इक जनम से दूसरे का राबिता[1] है आदमी।

ऐ 'शलभ' इस आदमी का है नहीं कोई विकल्प,
सारे जीवन सत्य की ही प्रेरणा है आदमी।

1. सम्बन्ध

कोई चिंगारी सुलगे तो, उसे हल्के में मत लेना

कोई चिंगारी सुलगे तो, उसे हल्के में मत लेना,
कोई मजबूर रोए तो, उसे हल्के में मत लेना।

सियासी लोग तो हर मसअले का लुत्फ़ लेते हैं,
सियासत ज़हर बोए तो, उसे हल्के में मत लेना।

कोई दहकान[1] कर ले ख़ुदकुशी क़र्ज़ों से बोझिल हो,
कोई सपना भी टूटे तो, उसे हल्के में मत लेना।

कहाँ हैं सबकी किस्मत में मुहब्बत के हसीं सपने,
उन्हें अपना ही लूटे तो, उसे हल्के में मत लेना।

कमर के टूटने तक ही झुका जा सकता है साथी,
सब्र का बाँध टूटे तो, उसे हल्के में मत लेना।

धधकती हों दिशाएँ और भरा हो डर फ़िज़ाओं में,
वतन गर फिर भी सोए तो, उसे हल्के में मत लेना।

अगर पीपल के पेड़ों से परिन्दे डर के उड़ जाएँ,
'शलभ' नाख़ून कुतरे तो, उसे हल्के में मत लेना।

1. किसान

गुम कहाँ वह चेतना है, ऐ मेरे मुंसिफ़ बता

गुम कहाँ वह चेतना है, ऐ मेरे मुंसिफ़ बता,
पस्त अब क्यों हौसला है, ऐ मेरे मुंसिफ़ बता।

भक्त वो गणतंत्र का, जम्हूरियत[1] का पासबां,
चल रहा क्या पैंतरा है, ऐ मेरे मुंसिफ़ बता।

वक़्त ख़ुद भी तो पलटता है ग़लत सब फ़ैसले,
क्या नहीं तू जानता है, ऐ मेरे मुंसिफ़ बता।

है अभी ज़िन्दा वो, मत पढ़ फ़ातिहा[2] इंसाफ़ का,
क्यों तू झुकने पर तुला है, ऐ मेरे मुंसिफ़ बता।

फेंक दो क़ातिल के आगे, फिर उसी मक़तूल[3] को,
क्या सही ये फ़ैसला है, ऐ मेरे मुंसिफ़ बता।

यह परीक्षा की घड़ी है, दांव पर है संविधान,
अब तुझे सन्देह क्या है, ऐ मेरे मुंसिफ़ बता।

जब 'शलभ' को है मयस्सर[4] तेल, बाती, दीप भी,
आग ही क्यों लापता है, ऐ मेरे मुंसिफ़ बता।

---

1. लोकतंत्र, 2. मौत का मातम, 3. क़त्ल हुआ जिसका, 4. हासिल

छलावे रूप के जादू के यूँ दर्पण से चलते हैं

छलावे रूप के जादू के यूँ दर्पण से चलते हैं,
सियासी दाँव-धन्धे जैसे काले धन से चलते हैं।

ये पपराज़ी के फ़ंडे, चमचमाता रूप, धन, जादू,
ये मालो-ज़र के कारोबार, धनशोधन[1] से चलते हैं।

नहीं फलती मुहब्बत आज़माने से कभी यारो,
मुहब्बत के तो सारे काम अपनेपन से चलते हैं।

सियासी मरहमों से दर्द में राहत नहीं मिलती,
तिलिस्मी जादुई किरदार परपीड़न से चलते हैं।

तेरे इस इश्क़ में हमने कभी वुक़अत[2] नहीं पाई,
तेरी गलियों में हम अब भी बड़े बेमन से चलते हैं।

पहाड़ी मंज़रों पर हैं छलकते ख़ून के छींटे,
छलावों के ये चौसर गोलियों और गन से चलते हैं।

---

1. मनी लॉन्ड्रिंग, 2. इज़्ज़त/औकात/रिकग्नीशन

जिन्हें किरदार के ठहराव में चलना नहीं आया,
वही कौवों-से अब अकड़ी हुई गर्दन से चलते हैं।

'मसीहा' की हैं शह पर चल रहे 'फ़िक्सर' 'शलभ' जितने,
जुगाड़ी फ़ितरतों से और बड़े मंथन से चलते हैं।

गाँव के हर झूठ सच का साक्षी पीपल हुआ

गाँव के हर झूठ सच का साक्षी पीपल हुआ,
देवता अन्धे हुए, ओझा कवच - कुंडल हुआ।

ज़िन्दगी ख़्वाबों का ही बिस्तर बिछौना तो नहीं,
रास्ता काँटों भरा किसके लिए मख़मल हुआ।

आस्तीनों में छुपे रहते हैं काले नाग बन,
हैं कहाँ अब दोस्त कोई जो शजर-सन्देश[1] हुआ।

मीडिया तो है तरंगित वक्ता जन सब चीख़ते,
इनके इस उन्माद से ही देश इक दंगल हुआ।

रक्त-रंजित हो रहे हैं आपसी रिश्ते बहुत,
स्नेह के झरने हैं प्यासे जीना अब मरुथल हुआ।

फूल शबनम तितलियाँ भँवरे चमन का बाग़बाँ,
क़ैद में है पत्ता-पत्ता हर नफ़स[2] बेकल[3] हुआ।

जब 'शलभ' ने हाथ थामा अपने तालिसमान[4] का,
महका फिर किरदार उसका और गंगाजल हुआ।

---

1. चंदन वृक्ष के समान शीतल, 2. साँस, 3. परेशान/उद्विग्न, 4. तिलिस्मी अवतार का/जन्तर-मन्तर

टुकर टू देखता मुंसिफ़ अदालत पर 'कोई' क़ाबिज़

टुकर टू देखता मुंसिफ़ अदालत पर 'कोई' क़ाबिज़,
हमारे ज़हनो-दिल की सारी हिम्मत पर 'कोई' क़ाबिज़।

है अब भाई-बहन का भी इकट्ठे घूमना वर्जित,
हुआ है देश में हर सू मुहब्बत पर 'कोई' क़ाबिज़।

करें 'डिजिटल विचारों' को कहाँ अभिव्यक्त हम साथी,
है ट्वीटर, फ़ेसबुक की हर 'कहावत' पर 'कोई' क़ाबिज़।

नफ़स हर इक शिकंजे में, 'सिमक' कर अब दिखाओ तो,
नकेलें कसता जनता की, है जनमत पर 'कोई' क़ाबिज़।

न बाग़ों में कहीं मिलिए, न होटल में, न सड़कों पर,
नगर के चप्पे-चप्पे पर, ज़हानत पर, 'कोई' क़ाबिज़।

पहनना क्या है, खाना क्या, अज़ां कब हो, कहाँ पूजा
अक़ीदत[1] पर 'कोई' क़ाबिज़, इबादत[2] पर 'कोई' क़ाबिज़।

करें फ़रियाद किससे और कराएँ पैरवी किससे,
दलीलों पर 'कोई' क़ाबिज़, वकालत पर 'कोई' क़ाबिज़।

---

1. श्रद्धा, 2. पूजा

कथन उसके हैं 'गीता' से, वो सच के इस्तग़ासे[1] हैं,
ज़मीं से आसमां तक हर रिवायत पर 'कोई' क़ाबिज़।

हुकूमत कोई भी हो, उसके 'हथकंडों से' चलती है,
'कभी इनकी कभी उनकी' हुकूमत पर 'कोई' क़ाबिज़।'

ये ताला मार के रख देते गिरवी अपनी अज़मत को,
तो रहता 'खुद' की ज़ीनत पर सआदत[2] पर 'कोई' क़ाबिज़।

लगामें कस के रखती है हुकूमत उनके नथुनों पर,
हुकूमत की भी जिद्दत पर, नफ़ासत पर 'कोई' क़ाबिज़।

न लेना इनसे कुछ पंगा, मसल जेलों में धर देंगे,
'शलभ' जनतंत्र की हर शय, ज़मानत पर 'कोई' क़ाबिज़।

---

1. दावे, 2. नेकी

हर तरफ़ इक बेरुख़ी है देख कर हैरान हूँ

हर तरफ़ इक बेरुख़ी[1] है देख कर हैरान हूँ,
दर्दों-ग़म हैं, बेबसी[2] है, देख कर हैरान हूँ।

इक सनातन मुफ़लिसी से हर उदर में शाश्वत,
भूख का ज्वालामुखी है देख कर हैरान हूँ।

सोने-चाँदी-से उजाले जो दिखाए हैं हमें,
वो घनेरी तीरगी[3] है देख कर हैरान हूँ।

देश क्या होता है उसका जीतता है जो चुनाव,
क्या अनोखी दिल्लगी है देख कर हैरान हूँ।

बाग़बां तो सींचता हैं बिन किसी भी लोभ के,
नेह उसका शबनमी है देख कर हैरान हूँ।

हौसले चट्टान-से हैं हारने के बावजूद,
क्या ग़ज़ब की पुख़्तगी है देख कर हैरान हूँ।

अनगिनत छाले 'शलभ' बेशक हैं उन के पाँवों में,
पर दिलों में ताज़गी है देख कर हैरान हूँ।

---

1. रुखापन, 2. लाचारी, 3. अँधेरा

भले ही जागरण के वास्ते इक रहनुमा रखना

भले ही जागरण के वास्ते इक रहनुमा रखना,
पर अपने हौसलों में अनवरत इक ज़लज़ला रखना।

अगर नाराज़ है तू तब भी मुझसे वास्ता रखना,
किसी गहरी अदावत में भी मिलने का सिला रखना।

बहुत बिगड़े हुए रिश्तों में भी कुछ आस रहती है,
उसी धुँधली किरण की आस में मन को खुला रखना।

हो कितना अनमना सागर उसे ये मान रहता है,
नदी के खुद समर्पण से है कैसे राबिता रखना।

ये पर्वत तो नहीं करते तिजारत अपनी दौलत की,
है मेरा मशवरा माँगों में अपनी इल्तिजा[1] रखना।

तिलिस्मी ये सियासी गिरगिटें अकसर लुभाती हैं,
ये फन्दे हैं कफ़स[2] के, दूर इनसे क़ाफ़िला रखना।

---

1. प्रार्थना, 2. पिंजरा

डसेंगे वो तुम्हें अक्सर कहीं भी रौशनी बन कर,
अँधेरों के लिए तुम हाथ में मौज-ए-बला[1] रखना।

परिन्दे रेगज़ारों के तो हैं प्यासे जनम भर के,
मुंडेरों पर 'शलभ' उनके लिए बर्तन भरा रखना।

1. विपत्तियों से लड़ने वाली लहरें

सुनता है कौन मश्विरे शायर, फ़क़ीर के

सुनता है कौन मश्विरे शायर, फ़क़ीर के,
सबकी ज़ुबां पे रहते हैं चर्चे अमीर के।

अब प्यार में वो आग वो शिद्दत नहीं रही,
अब कौन गीत गाता है रांझा के हीर के।

जिनको कभी ज़मीर से निस्बत नहीं रही,
क़िस्से सुना रहे हैं वो अहले ज़मीर के।

सुनते हैं जेल में है कहीं आजकल वही,
सजदे किए थे हमने कई जिस 'फ़क़ीर' के।

ले-ले के नाम 'गांधी' का क़लमे वो पढ़ रहे,
गोली, तमंचे, तोप के तलवार-ओ-तीर के।

आए सुख़न की दुनिया में कितने ही बादशाह,
झण्डे मगर बुलन्द हैं ग़ज़लों में मीर के।

कठमुल्ले हैं वो धर्म के अन्धे तमाशबीन,
वो मोज़िजे[1] सुनाते हैं औघड़[2] के, पीर[3] के।

तू भी 'शलभ' झुका कभी उस आस्तां पे सर,
जलवे जो देखने हैं वो नूर-ए-ज़हीर[4] के।

---

1. चमत्कार, 2. झाड़-फूँक करने वाला, 3. मुसलमानों के फ़कीर, 4. मददगार का नूर (रौशनी)

हमारी याद का सागर कभी गहरा नहीं होता

हमारी याद का सागर कभी गहरा नहीं होता,
अगर मँझधार में हमसे कोई बिछड़ा नहीं होता।

ये फेरे सात जन्मों के ये सब कहने की बातें हैं,
अगर तुम जानते, अहद-ए-वफ़ा[1] तोड़ा नहीं होता।

समुन्दर जान ले अस्तित्व हैं उसका यही नदियाँ,
कहाँ होता वो, नदियों से अगर रिश्ता नहीं होता।

अकेलापन तो होता है बहुत ऊँचे पहाड़ों पर,
पिघल जाते, जो 'शंकर' का वहाँ डेरा नहीं होता।

अजब किरदार होता है सियासत के सिंहासन का,
अगर दरवेश[2] भी बैठे वो पाकीज़ा[3] नहीं होता।

मेरी हसरत यही थी मैं तेरे पैकर में ढल जाऊँ,
तेरी तनवीर से बढ़कर कोई चेहरा नहीं होता।

तुम्हारी बदगुमानी से 'शलभ' को होश आया है,
अगर अठखेलियाँ करते, वो संजीदा नहीं होता।

---

1. वफ़ा का वादा, 2. फ़कीर, 3. पवित्र

पीठ जब लगने को थी वो राहबर मुझको मिले

पीठ जब लगने को थी तब राहबर[1] मुझको मिले,
एक ही पैकर में ढल शम्स-ओ-क़मर[2] मुझको मिले।

पार वो सब लग गए थी जिनसे सागर को गरज़,
बेग़रज़ था मैं, सो अनजाने भँवर मुझको मिले।

जिस तरफ़ को थी हवा मैं था अड़ा उसके ख़िलाफ़,
हौसलों के सामने सब बेअसर मुझको मिले।

भाषणों में ज़िक्र था जिनका, उजाले हैं कहाँ,
घुप्प राहें और धुएँ-से हमसफ़र मुझको मिले।

मैं बज़ाहिर दोस्तों के ही निशानों पर रहा,
दुश्मनों की सफ़[3] में मेरे मो'तबर[4] मुझको मिले।

गुलमुहर की चाह में दीवानगी हद से बढ़ी,
बन के यूँ बहरुपिए सब जलवागर[5] मुझको मिले।

हूँ 'शलभ' पर्वत का बेटा फ़ितरतें[6] चट्टान-सी,
जो मुख़ालिफ़[7] थे मेरे सब दर-ब-दर[8] मुझको मिले।

---

1. राह दिखाने वाला, 2. सूरज और चाँद, 3. लाइन में, 4. श्रेष्ठ व्यक्तित्व/भला चाहने वाला/विश्वसनीय/एतबार/भरोसे वाले, 5. योगिक/चमत्कारी रौशनी वाले, 6. स्वभाव/प्रकृति, 7. विरोधी/प्रतिद्वन्द्वी, 8. बर्बाद—एक दर से दूसरे दर तक

सियासी होशियारी के अदाकारी के मौसम हैं

सियासी होशियारी के अदाकारी के मौसम हैं,
बढ़ाओ हाथ दोनों, अब गिरफ़्तारी के मौसम हैं।

जो हाँ में हाँ मिलाते हैं वही हैं देशप्रेमी सब,
अनोखे आ गए हैं अब वफ़ादारी के मौसम हैं।

पहाड़ों पर हैं अब शोले बरसने लग गए लेकिन,
वो ये कहते नहीं थकते बर्फ़बारी के मौसम हैं।

सभी मौसम तो उसकी मुट्ठियों में क़ैद हैं भाई,
इशारों पर चले उसके महामारी के मौसम हैं।

सितारे जब ठसक से बैठ जाते हैं बुलन्दी पर
बहुत मस्ती भरे होते वो 'सरदारी' के मौसम हैं।

समूचा नाश हो जाएगा सब फ़िरक़ापरस्तों[1] का,
बड़ी रफ़्तार में हैं सब ये चिंगारी के मौसम हैं।

---

1 साम्प्रदायिक ताक़तों का

वज़ीफ़ा आप भी ले लें अंगूठा ही लगाना है,
ये हाँ में हाँ मिलाने के तरफ़दारी के मौसम हैं।

हवाओं में कहाँ से इतना विष घुलने लगा साथी,
'शलभ' ये बेबसी के और लाचारी के मौसम हैं।

जो तेरे आँसुओं से भीग जाती थी मेरे अहसास की चादर

जो तेरे आँसुओं से भीग जाती थी मेरे अहसास की चादर,
कहाँ बुन पाऊँगा मैं तू बता फिर से वही विश्वास की चादर।

तुनक कर या कभी हँस कर बुलाने पर मेरे तुम आ ही जाते हो,
अरे फिर लहलहाती है फ़िज़ाओं में मेरे उल्लास की चादर।

कभी हम भी हवाओं में उड़े थे बिजलियों से रक़्स करते थे,
लो अब दिन-रात तनहा बैठे हम लेकर किसी संत्रास की चादर।

इशारों ही इशारों में हमें उसने कहा जो आप भी सुनिए,
उठा ले जाइए 'संयोगिता' जैसे उढ़ा मधुमास की चादर।

हमें मंज़ूर है ये भी कहीं सहराओं में रहना पड़े तुमको,
तो 'सीता माँ' के जैसे साथ होंगे हम लिए बनवास की चादर।

फ़ना भी गर हुए तो याद सदियों हमको रक्खेगा ज़माना ये,
बिछाना नित हमारी क़ब्र पर इक मखमली तुम घास की चादर।

रहेगा किस तरह ज़िन्दा 'शलभ' चलते हुए इस बदगुमानी के,
रफ़ू करते हुए घावों को उसके देना बस इख़लास[1] की चादर।

---

1. खुलूस/सच्चा/निष्कपट प्रेम

कितने दीपक तन खड़े हैं अब अँधेरों के ख़िलाफ़

कितने दीपक तन खड़े हैं अब अँधेरों के ख़िलाफ़,
रोक दो ये साज़िशें तुम भी चराग़ों के ख़िलाफ़।

आस्मां ही हो गया अपने सितारों के ख़िलाफ़,
चाँदनी भी हो गई है अब मुँडेरों के ख़िलाफ़।

अब तो मौसम हो रहे सारे बहारों के ख़िलाफ़
पेड़ ही होने लगे हैं अब पहाड़ों के ख़िलाफ़।

द्वन्द्व का परचम उठाया आपने जिन के लिए,
आप ही अब हो गए हैं उन विचारों के ख़िलाफ़।

ख़ूब तेज़ाबी हुए जब शब्द तीरों की तरह,
उँगलियाँ उठने लगीं तब उन लुटेरों के ख़िलाफ़।

कान में क्या कह गए हो तुम पड़ोसी के मेरे,
बोलती दीवारें हैं अब अपनी नींवों के ख़िलाफ़।

मोहती थी जिसकी धुन दुनिया में साँपों को कभी,
बीन के सुर बज रहे हैं अब सपेरों के ख़िलाफ़।

अनवरत जो काटते हैं तीरगी के जाल को,
साज़िशें हैं सब निरन्तर उन सवेरों के ख़िलाफ़।

जिस शजर ने उम्र भर दी धूप-छाँवों में पनाह,
हो गए पंछी ही अब तो उन बसेरों के ख़िलाफ़।

हसरतें और ख़्वाहिशें ज़िन्दा रहें तो आदमी,
जाएगा कैसे भला अपने इरादों के ख़िलाफ़।

जान देते थे 'शलभ' तुम शम्अ की लौ पर कभी,
तुम भी आख़िर हो गए उसके शरारों के ख़िलाफ़।

हौसलों से चल पड़े तो फिर नहीं रुकता 'शलभ'
आबले[1] गर हो भी जाएँ उसके पैरों के ख़िलाफ़।

---

1. पाँवों के छाले

जिसे मैं ढूँढ़ने निकला वो मेरा ही पता निकला

जिसे मैं ढूँढ़ने निकला वो मेरा ही पता निकला,
हुआ गुमराह जिससे ख़ुद ही मैं वो नाख़ुदा निकला।

जिसे चट्टान माना था सफ़र के हौसलों का वो,
वही किरदार से अपने सरापा खोखला निकला।

सिरहानों के तले जिनको दबा कर सो रहे थे हम,
हमारे बीच रंजिश का वो असली मुद्दआ निकला।

ख़ज़ाना खुल जा सिम-सिम का सियासत से मिला है जो,
वही तो शेख़ चिल्ली का पुराना झुनझुना निकला।

तुम्हारी 'खाप' ने हमको बहुत औक़ात समझाई,
हमारे इश्क़ का पर हौसला भी चौगुना निकला।

कभी सूरत से ख़ारिज[1] कर दिया था जिसको दुनिया ने,
वही नूर-ए-मुजस्सिम[2] था, वही तो औलिया[3] निकला।

बला के हाशिए कुछ थे दिलों के दरम्यान उनके,
'शलभ' की रहनुमाई में दिलों तक रास्ता निकला।

---

1. रद्द/निरस्त, 2. आपादमस्तक/प्रकाश, 3. सिद्ध पुरुष

साथियो अब झूठ पकता है वही बाज़ार में

साथियो अब झूठ पकता है वही बाज़ार में,
जो हुकूमत चाहती है छापना अख़बार में।

राख से मत खेलिए यूँ ही शरारत के लिए,
बेअदब ज्वालामुखी होते हैं इक अंगार में।

जानते हैं नौजवां तो उन पलों के थ्रिल को भी,
लुत्फ़ आता है उन्हें क्यों मौत की रफ़्तार में।

'हाँ' नहीं होता है मतलब तो किसी 'इंकार' का,
दोस्तो है अर्थ तो इंकार का इंकार में।

प्रेम से ही 'जीत' पाएँगे दिलों को आप सब,
ज्ञान ये अर्जित हुआ 'सम्राट्' को संहार में।

झुक न पाए शीश वो ज़ुल्मो सितम के सामने,
ज़िन्दा चिनवाए गए बेटे भी जब दीवार में।

ज़ालिमों के सामने तो काम लीजे अक़्ल से,
सर रखें पहले सलामत क्या रखा दस्तार में।

मिल गया है अब समर्थन एक तरफ़ा राज का,
स्वर्ग-सा आनन्द है शासन का अब सरकार में।

लोकसत्ता क्या मिली उनको चलाने को 'शलभ',
वो ये समझे देश की हर साँस है अधिकार में।

‘असंगत लाभ’ की शैतानियाँ बढ़ती नज़र आईं

‘असंगत लाभ’ की शैतानियाँ बढ़ती नज़र आईं
‘नए ज़ारों’ की भी लाचारियाँ बढ़ती नज़र आईं।

शहर के एक कोने में कहीं बारिश, कहीं सूखा,
हमें बादल की कारस्तानियाँ बढ़ती नज़र आईं।

तड़पती ख़ून से लथपथ जहाँ कुछ तितलियाँ देखीं,
वहीं फूलों की भी बदबख़्तियाँ[1] बढ़ती नज़र आईं।

बड़ा मासूम-सा इक प्रश्न पूछा था हुकूमत से,
ज़माने भर की मुझ पे सख़्तियाँ बढ़ती नज़र आईं।

अगर माँगे से भी कोई दिया है मशवरा जायज़,
तो रिश्तों में हमेशा तल्ख़ियाँ बढ़ती नज़र आईं।

तुम्हारे इक इशारे पर कभी जो जान देता था,
उसी जांबाज़ की मजबूरियाँ बढ़ती नज़र आईं।

गुलों तक तितलियों को खींचते थे जो ‘शलभ’ बन्धन,
हमें उन बन्धनों में दूरियाँ बढ़ती नज़र आईं।

---

1. बदनसीबियाँ

बूँदें ही प्यासी रह जाएँ, यह कैसे हो सकता है

बूँदें ही प्यासी रह जाएँ, यह कैसे हो सकता है,
बाड़ें ही खेतों को खाएँ, यह कैसे हो सकता है।

जिन लोगों की झोली भरता दोनों हाथों से मौला,
वो किस्मत पे सोग[1] मनाएँ, यह कैसे हो सकता है।

राम नाम को जपते-जपते, घृणा-द्वेष की देते शह,
वे रावण-सा अलख जगाएँ, यह कैसे हो सकता है।

धर्म के काँटे पर तुल जाता, है जिनका ईमान सदा,
वो हमको सुविचार पढ़ाएँ, यह कैसे हो सकता है।

फैल रही है 'दक्षिण-पंथी' सोच सभी के आँगन में,
वो 'वसुधैव कुटुम्बकम्' गाएँ, यह कैसे हो सकता है।

सागर का आधार हैं नदियाँ, प्रणय लोभ में हो अन्धे,
सागर ही नदियाँ खा जाएँ, यह कैसे हो सकता है।

अपने हक़ की माँग करें जो 'शलभ' सियासत धर लेगी,
मुंसिफ़ भी उनसे घबराएँ, यह कैसे हो सकता है।

---

1. दुख

प्यार की हर रहगुज़र पर एक मंज़र छोड़ जा

प्यार की हर रहगुज़र पर एक मंज़र[1] छोड़ जा,
मील के पत्थर सरीखा एक पैकर छोड़ जा।

बुतपरस्ती क्या किसी को रास आती है कभी,
जिस पे हो विश्वास सबको ऐसा अम्बर छोड़ जा।

पुरख़तर राहें तो होंगी ज़िन्दगी में हर तरफ़,
हौसलों से हो भरा ऐसा मुक़द्दर छोड़ जा।

बरग़लाते हैं अधिकतर लोग ही लोगों को अब,
जो दिखाए राह सच्ची ऐसा रहबर छोड़ जा।

आईनों में सच की परछाईं नहीं जो देखता,
उसके हिस्से में धरा के सारे बंजर छोड़ जा।

पेड़-पर्वत, झरने-सागर, शाश्वत दुनिया में हैं,
जो धरा के विष को पी ले वो क़लन्दर छोड़ जा।

ऐ शलभ! ग़ज़लों में तेरी ख़ूब ज़ीनत[2] है भरी,
ख़ुश रहें सब देश में ऐसा तू मन्तर छोड़ जा।

---

1. नज़ारा, 2. शोभा/वैभव

झूठ के मुर्दा शहर में आत्मा तक सो गई है

झूठ के मुर्दा शहर में आत्मा तक सो गई है,
सल्तनत में 'सच' की यारो शाश्वत अब तीरगी है।

असलियत पहले थी कुछ अब असलियत कुछ और ही है,
आजकल तो रहबरी[1] से, हो रही बस रहज़नी[2] है।

गुलिस्तां में ये अचानक फूल मुरझाने लगे क्यूँ,
बाग़बाँ झुठला रहा है, क्या अजब दादागिरी है।

थे बहुत हैरान सागर, जब कहा नदियों ने उनसे,
कर रही हमसे ही देखो, क्या सियासत दिल्लगी है।

"दीन-दुखियों की व्यथाएँ, हैं कहाँ हमको बताएँ",
लोकसत्ता की ये 'ताक़त', ख़ूबसूरत मसख़री[3] है।

तेरे रुख़सारों की हमको ऐसी कब दीवानगी थी,
अब मुसलसल हम पे तारी हो रही क्यूँ बेकली[4] है।

आग के ही मंज़रों से कब गुज़र के हमने जाना,
रूह में उभरी 'शलभ' के क्यूँ सतत अब तिश्नगी है।

---

1. पथ प्रदर्शक/राह दिखाने वाला/रक्षक, 2. लूटने वाला, 3. मज़ाक़, 4. बेचैनी

मुझे इश्क़ का तो पता नहीं, तेरे दिल का मुझको ख़याल है

मुझे इश्क़ का तो पता नहीं, तेरे दिल का मुझको ख़याल है,
जो मैं तुझ से मिल के न कह सका, उसी बात का तो मलाल है।

तुझे ग़ैर ले के चला गया, मुझे दर्द उम्र का दे गया,
मेरी आँख में तेरा अक्स भी, करे मुझसे कितने सवाल है।

तेरे आस्तां[1] पे झुका हुआ, मेरा हिज्र भी तो है सिरफिरा,
मेरा इश्क़ मुझसे जो छीन ले, ये भला किसी की मजाल है।

ये जो चाँदनी के हैं सिलसिले, ये पहाड़ों नदियों के क़ाफ़िले,
तेरे आस्मां का वजूद है, तो इन्हीं के दम का कमाल है।

मेरा इश्क़ है इसी काम का, ये जुनूं है तेरे ही नाम का,
इसे वुस'अतों[2] की तलाश है, मेरे दिल में बस ये धमाल है।

तेरा शह्र था कभी आशना मेरी दिलरुबा मेरी हमनवा,
ये ख़फ़ा हुआ है जो बेसबब करे मुझसे कितने सवाल है।

---

1. दहलीज/दर, 2. विस्तार/हैसियत/सामर्थ्य/फैलाव

चली चाल ऐसी बशर ने अब हुई कायनात[1] ये दर-बदर,
कि उखड़ गईं कई पीढ़ियाँ, ये नई सदी का वबाल[2] है।

मैं खड़ा हूँ झील के उस तरफ ज़रा आ के मिल मुझे इस तरफ़,
मेरी आरज़ू! मेरी शम्अ! सुन, ये 'शलभ' का शौक़ ए विसाल[3] है।

1. ब्रह्मांड/दुनिया, 2. तूफ़ान, 3. मिलन का शोक

है परेशां हर चमन हर आशियां, अब क्या करें हम

है परेशां हर चमन हर आशियां, अब क्या करें हम,
हैं इसी दहशत में सारे बाग़बाँ, अब क्या करें हम।

अब नहीं वो है हमारा राज़दां, अब क्या करें हम,
बर लबे मंज़िल[1] लुटा है कारवां, अब क्या करें हम।

छुप गई हैं बादलों में बिजलियाँ, अब क्या करें हम,
हो रहीं हैं इश्क़ में सरगोशियाँ, अब क्या करें हम।

प्यार में ख़ुद्दारियाँ के मोल भी लगने लगे हैं,
बन के ख़ुद बिकने लगीं कठपुतलियाँ, अब क्या करें हम।

चीख़ कर सबको बताया मीडिया अख़बार का सच,
चढ़ गया सच झूठ की बैसाखियाँ, अब क्या करें हम।

इश्क़ जब से हो गया धन्धा सफलता की ग़रज़ का,
टूटे बन्धन जो थे उनके दरमियां, अब क्या करें हम।

---

1. मंज़िल के सामने

सूखने को ग्लेशियर, हिम खंड भी गलने लगे अब,
सृष्टि से हमने ही कीं नादानियाँ, अब क्या करें हम।

क्या बचेगा आदमी का अब वजूद अगली सदी तक,
ढूँढ़ते रह जाओगे परछाइयाँ, अब क्या करें हम।

इश्क़ का अपने 'शलभ' कैसे निशां बाक़ी रहेगा,
जब मिटाने पर उतारू हुक्मरां, अब क्या करें हम।

झूठ का रंग तो चढ़ता हुआ गहरा देखा

झूठ का रंग तो चढ़ता हुआ गहरा देखा,
सच को देखा भी ज़माने ने तो आधा देखा।

ख़्वाब उसने जो दिखाए सभी काले निकले,
हमने उनमें भी मगर रंग सुनहरा देखा।

उसने दावों में तो जग जीत लिया था लेकिन,
आज किरदार[1] का उतरा हुआ चेहरा देखा।

भूखे-प्यासों की सदाएँ जो नहीं सुन पाती,
उस हुकूमत से बड़ा कोई न बहरा देखा।

उसमें खाया तो कई अपनी ज़ुबां भूल गए,
सोने की थाली में हमने वो करिश्मा देखा।

पैरहन[2] हैं कहाँ राजा तो फ़क़त नंगा है,
बेधड़क बोलता हमने वही बच्चा देखा।

आग के सारे तरफ़दार गवाही देंगे,
इस 'शलभ' सा न कोई हमने शरारा देखा।

---

1. व्यक्तित्व, 2. परिधान/कपड़े/पोशाक

जिस तरह रौशन मेरी तासीर के चर्चे हुए

जिस तरह रौशन मेरी तासीर के चर्चे हुए,
आज महफ़िल में तेरी तस्वीर के चर्चे हुए।

हौसलों पर रश्क बेशक था ज़माने को मेरे,
क़त्ल जब मेरा हुआ, शमशीर के चर्चे हुए।

हो गए कितने फ़ना[1] कितने फ़ना हो जाएँगे,
ख़ून सपने छोड़ कर, कश्मीर के चर्चे हुए।

थी बहुत बातिल[2] जिसे इलहाम[3] था 'उसने' कहा,
हर तरफ़ दुनिया में जिस तहरीर[4] के चर्चे हुए।

ख़ूब शिद्दत से निभाए हमने तो क़ानून सब,
हर तरफ़ सुल्तान की ज़ंजीर के चर्चे हुए।

मंज़िलें भ्रम हैं, मगर हैं मील पत्थर शाश्वत,
राह पे निकला जो उस रहगीर के चर्चे हुए।

दौलतें तो आदमी ने खुद ही संचित कीं 'शलभ',
दुनिया वालों में तो बस तक़दीर के चर्चे हुए।

---

1. नष्ट, 2. झूठ, 3. देववाणी, 4. वक्तव्य

बात तो इक बात पे अटकी पड़ी है

बात तो इक बात पे अटकी पड़ी है,
ज़ह्न में जैसे कोई चुभती सुई है।

वो अभागे मर गए बेबात ही तो,
मुफ़लिसों[1] की मौत की किसको पड़ी है।

वो नहीं बेज़ार[2] हैं, बेदार[3] हैं वो,
उन मुखौटों में छुपी उनकी हँसी है।

इक दरिन्दे ने किए थे उसके टुकड़े,
ये कहानी मीडिया पर चल रही है।

अब अदालत लेगी कुछ संज्ञान यारो,
अब पुलिस मुस्तैद है, तन के खड़ी है।

राम के युग में परीक्षा का चलन था,
'स्वर्ण युग' की वो घड़ी फिर आ गई है।

जल गई जो 'फुलझड़ी', छोड़ो 'शलभ' अब,
ज़ुल्म की ज़द में नई अब फुलझड़ी है।

---

1. ग़रीबों, 2. दुखी/खिन्न, 3. ख़ुश

पाल कर रखते हैं क्यों फिर आप इन ख़ुशफ़हमियों को

पाल कर रखते हैं क्यों फिर आप इन ख़ुशफ़हमियों को,
कब सियासतदान समझे देश की मजबूरियों को।

ढोल, शंखों, तालियों को और बजा कर थालियों को,
ज़िन्दा रखते हैं हम अपने आप ही ख़ुशफ़हमियों को।

राह की दुश्वारियाँ[1] ही खा गईं तलवे हमारे,
हम मुसाफ़िर जानते हैं आपकी हमदर्दियों को।

इस क़दर है अक्स डूबा आपकी आँखों में अपना,
नाप कब पाया है चन्दा झील की गहराइयों को।

कब तलक हम 'राम' के विश्वास पर ज़िन्दा रहेंगे,
भूख इक दिन तोड़ देगी आस्था की बेड़ियों को।

टूट ही जाएगी डोरी एक दिन 'गांडीव' की भी,
कब तलक थामेगा कोई इन दिलों की तल्ख़ियों को।

मोम जैसे हैं मुलायम, पर 'शलभ' लोहा बने तो,
हँस के सीने पर सहेंगे हम तुम्हारी गोलियों को।

---

1. मुश्किलें

जुनूं के हर मआनी की कहानी फिर नई लिक्खें

जुनूं के हर मआनी की कहानी फिर नई लिक्खें,
हम अपनी ज़िन्दगानी की कहानी फिर नई लिक्खें।

मुहब्बत के गुलाबों को सजाएँ उसके दामन पर,
गुलों की शादमानी[1] की कहानी फिर नई लिक्खें।

समुन्दर की तो पुरसिश में कभी नदियाँ नहीं थकतीं,
हम उनकी इस रवानी की कहानी फिर नई लिक्खें।

कभी देखें छटा जब डूबते सूरज के रंगों की,
शुआ-ए-आसमानी की कहानी फिर नई लिक्खें।

धरा की चुप्पियों से तो मिलन होता है सूरज का,
खिली फिर रातरानी की कहानी फिर नई लिक्खें।

घटाएँ माँगती हैं मुँह-दिखाई बादलों से जब,
तो मीठी गुड़ की धानी की कहानी फिर नई लिक्खें।

उन्हीं केसर के बाग़ों से सटे फिर चश्मे-शाही पर,
मुहब्बत ज़ाफ़रानी की कहानी फिर नई लिक्खें।

---

1. ख़ुशी

जहाँ ख़ल्वत[1] के जंगल हैं जहाँ निस्सीम[2] झरने हैं,
उन्हीं की पासबानी की कहानी फिर नई लिक्खें।

मरुस्थल में ग़ज़ालों[3] का भरम पागल 'शलभ' को है,
ख़ुदा की निगहबानी की कहानी फिर नई लिक्खें।

1. एकान्त/बियाबान, 2. विस्तृत, 3. हिरण

हर तरफ़ से हो रही है खींचातानी आजकल

हर तरफ़ से हो रही है खींचातानी आजकल,
फ़ेसबुक पर ट्रोल होते 'राजा-रानी' आजकल।

पटकथा-सी फ़िक्स है अपनी कहानी आजकल,
खुद में सिमटी जा रही है ज़िन्दगानी आजकल।

घर के अन्दर ही रहें या हम रहें बाहर कहीं,
हर तरफ़ छाई है, मर्गे नागहानी[1] आजकल।

अब 'गुलों' पर हर तरह के ज़ुल्म हैं बरपा यहाँ,
'बाग़बां' यूँ कर रहा है 'पासबानी'[2] आजकल।

सच की बोली एक है तो झूठ के चेहरे हज़ार,
कौन फिर समझे है सच की बेज़ुबानी आजकल।

तथ्य हों मज़बूत कितने, साक्ष्य हों कितने अटल,
है अदालत में निरर्थक हक़बयानी आजकल।

था 'शलभ' बेशक बरसता ओस की बूँदों-सा जो,
सूख कर बंजर हुआ आँखों का पानी आजकल।

---

1. मृत्यु की अनिश्चितता, 2. देखभाल

ये जीवन ख़्वाहिशों का इक नगर है

ये जीवन ख़्वाहिशों का इक नगर है,
ख़ुशी और ग़म का ये साझा सफ़र है।

सड़क पर आ गए मज़दूर मुफ़लिस,
ये कैसा कारवां, कैसी डगर है।

बहस किससे करोगे और कब तक,
सभी का भाई वो लख़्ते-जिगर है।

इसे तुम शाश्वत समझो न प्यारे,
सियासत का महल तो काँचघर है।

कभी सोचा न था ऐसा भी होगा,
लगे संसार सारा भूतघर है।

नहीं है क़ैद बेशक बामुशक़्क़त[1],
समूचा देश ही अब क़ैदघर है।

---

1. कठोर

करें विश्वास किस पर इस जहां में,
यहाँ कोई नहीं जो मो'तबर है।

'शलभ' 'सत्तर' के हो अब घर में बैठो,
तुम्हारा घर ही अब सारा नगर है।

मुफ़लिसों की दुर्दशा पर दिल मेरा बिस्मिल हुआ

मुफ़लिसों की दुर्दशा पर दिल मेरा बिस्मिल हुआ,
क्या हुआ जो ज़िन्दगी में कुछ नहीं हासिल हुआ।

तेज़तर तूफ़ान थे, कितने भँवर मंझधार में,
दम ब दम लहरों से जूझा मैं नहीं साहिल हुआ।

हारना भी ज़िन्दगी की इक क़वायद[1] है मगर,
ज़िन्दगी के लक्ष्यों से फिर भी नहीं ग़ाफ़िल[2] हुआ।

सब उठाते हैं जहां में दोस्तो अपनी सलीब,
है कोई जो कह दे उस पर दुख नहीं नाज़िल[3] हुआ।

था कहाँ आभास ये जीवन नरक हो जाएगा,
इस करोना काल में अब जीना भी मुश्किल हुआ।

शव घसीटे जा रहे सड़कों पे श्वानों की तरह,
इन भयानक दृश्यों से मैं रूह तक बिस्मिल[4] हुआ।

---

1. नियम, 2. असावधान, 3. उतरा, 4. घायल

आ रहा जुमले पे जुमला सज के हर अन्दाज़ में,
पर हुकूमत का नज़रिया हद तलक बातिल[1] हुआ।

आदमी ही आदमी के काम आता है 'शलभ',
आदमी ही रास्ता है आदमी मंज़िल हुआ।

---

1. झूठ

तेरा ख़त ले के वो आया नहीं है

तेरा ख़त ले के वो आया नहीं है,
तेरे बारे में कुछ सोचा नहीं है।

तेरी फ़ितरत को कब से जानता हूँ,
तेरी तस्वीर में धोखा नहीं है।

समुन्दर लाख गहरा हो मगर वो,
तेरी आँखों से तो गहरा नहीं है।

हज़ारों पैरहन[1] बदले सियासत,
पर उसका रूप तो बदला नहीं है।

मुहब्बत बन्दगी है उम्र भर की,
तवायफ का कोई कोठा नहीं है।

मुझे यूँ छोड़ कर जाना तुम्हारा,
मेरे अख़लाक़[2] का सौदा नहीं है।

नहीं है प्रेम बन्धन, इक जुनूं है,
वफ़ा का दूसरा चेहरा नहीं है।

---

1. कपड़े/परिधान, 2. सदाचार/शिष्टाचार/अच्छा आचरण

मुहब्बत प्यास का है इक समुन्दर,
जो उतरा इसमें वो डूबा नहीं है।

दिखा दे आईने को सच 'शलभ' तू,
तेरी सीरत[1] से वो सच्चा नहीं है।

---

1. चरित्र/प्रकृति/स्वभाव

जो मेरी आँखों में था नक़्शा जला कर रख दिया

जो मेरी आँखों में था नक़्शा जला कर रख दिया,
रहबरों की भीड़ ने मुझको मिटा कर रख दिया।

मंज़िलें मिलती नहीं हैं यूँ निठल्ले बैठ कर,
कब ख़ुदा ने थालियों में सब सजा कर रख दिया।

तय किया करते थे जो खुद मौसमों के सब मिज़ाज,
वक़्त की आँधी ने उन सबको उड़ा कर रख दिया।

हर गुज़िश्ता[1] याद तो मरहम हुआ करती नहीं,
उनको ज़ख़्मों की ही पुरसिश ने फ़ना कर रख दिया।

तीरगी से लड़ रहा था मैं उजालों के लिए,
मेरी चाहत ने मुझे जुगनू बना कर रख दिया।

बदगुमानी[2] करके भी किसको मिला है कुछ यहाँ,
इस व्यवस्था ने उन्हें तन्हा बिठा कर रख दिया।

अब तेरे दीवानेपन की क्या दवा लाएँ 'शलभ',
शम्अ ने जब एक चुटकी में मिटा कर रख दिया।

---

1. पुरानी, 2. शक/कुधारणा

कुहासा इस क़दर गुमराह अब तो कर रहा है

कुहासा[1] इस क़दर गुमराह अब तो कर रहा है,
परिन्दा पर हवा में तौलने से डर रहा है।

बहुत शिद्दत[2] से मैंने इश्क़ को सजदा किया था,
उसी की चाह में हरदम मेरा रहबर[3] रहा है।

सभी तल्लीन हैं बेहिस निठल्ली गुफ़्तगू में,
डगर पर भूखा-प्यासा कोई लेकिन मर रहा है।

दिखाती है सियासत गुलमुहर के ख़्वाब लेकिन,
नसीबों में तो मुफ़लिस के वही खण्डर रहा है।

हवाई चप्पलों वाले उड़ेंगे आसमाँ में,
वो जिनके सर पे अब तक घास का छप्पर रहा है।

ग़ज़ब के आँकड़ों से लैस हैं मुस्तैद अफ़सर,
समूचा देश उनके हाथ का दफ़्तर रहा है।

बड़े तूफ़ान को कहते हैं वे 'झोंका हवा' का,
हमारे अन्ध भक्तों का यही कल्चर रहा है।

---

1. कोहरा, 2. लगन से/पूरे ज़ोर से, 3. मार्गदर्शक/राह दिखाने वाला

बहुत मुश्किल समय है नौनिहालों के लिए यह,
कि बचपन घर के तहख़ानों में बैठा मर रहा है।

'वो' जिनके दम से बन कर आ गए हो तुम 'मसीहा',
'शलभ' उन मुट्ठियों में कोई तो मन्तर रहा है।

हमसफर भी लगने बेगाने लगे हैं

हमसफर भी लगने बेगाने लगे हैं,
रिश्ते-नाते सारे कतराने लगे हैं।

एक लम्हा लम्स[1] भी सपना हुआ अब,
प्यार के क़िस्से तो अफ़साने लगे हैं।

हर दिशा में मौन सन्नाटे हैं फैले,
मास्क मुँह और हाथ दस्ताने लगे हैं।

दूरियाँ जिस्मों की तो हैं ठीक लेकिन,
अब दिलों में फ़ासले आने लगे हैं।

कॉन्फ्रेंसों में बड़े नेता व अफ़सर,
कुछ भी पूछो सर को खुजलाने लगे हैं।

ऐंकरों की फौज के आगे प्रवक्ता,
दुम दबा कर अब तो मिमियाने लगे हैं।

आसमां से ऊँचे हैं दावे सियासी,
देवता भी अब तो शर्माने लगे हैं।

---

1. स्पर्श/छूना

इक अजब रस्साकशी सरकारों में है,
लोग बेबस हो के घबराने लगे हैं।

अनदिखा डर देश में फैला 'शलभ' यूँ,
नींद में भी लोग चिल्लाने लगे हैं।

मेरे अहसास में बस तिश्नगी बन कर उभरती हो

मेरे अहसास में बस तिश्नगी[1] बन कर उभरती हो,
बरसती है मुहब्बत जिससे मुझ पर तुम वो बदली हो।

खड़ा हूँ कटघरे में मेरे मुंसिफ़[2] फ़ैसला करना,
मेरे इस इश्क़ की देखो तुम्हीं अन्तिम कचहरी हो।

हमारे बाग़ में क्यों कोयलें गाने नहीं आतीं,
करो ऐसा फ़िज़ा महके हवा फिर से सुरीली हो।

अरे ऊँचे पहाड़ों पर तो पत्ता भी नहीं उगता,
अगर करनी मुहब्बत हो झुकी अपनी भी हस्ती हो।

'शलभ' सूरज की चाहत में तो हस्ती ही जला बैठा,
मुहब्बत में अगर हो तो फिर ऐसी बुतपरस्ती[3] हो।

---

1. प्यास, 2. न्यायधीश/जज, 3. पूजना/मूर्तियों को पूजना

आज की शब चाँद भी रूठा नज़र आया मुझे

आज की शब चाँद भी रूठा नज़र आया मुझे,
चाँदनी का दिल भी कुछ टूटा नज़र आया मुझे।

ख़ल्वतों[1] में नूर का टुकड़ा नज़र आया मुझे,
अपना ही किरदार कुछ ऊँचा नज़र आया मुझे।

जो उठाता था क़सम 'गीता' पे रख कर हाथ वो,
एकदम मक्कार और झूठा नज़र आया मुझे।

सच का परचम जो उठा कर रात-दिन लड़ता रहा,
सबकी आँखों में वही चेहरा नज़र आया मुझे।

तेज़तर रफ़्तार के जितने अलमबरदार थे,
उनकी फ़ितरत[2] में तो इक कछुआ नज़र आया मुझे।

खोखले रिश्तों की सच्चाई समझ में आ गई,
इन सभी की जड़ में जब पैसा नज़र आया मुझे।

---

1. एकान्त/सुनसान, 2. चरित्र/आदत

पोस्टर बन जो ठनकते दक्षिणा ओ' दान के,
हाथ में उनके ही तो कासा[1] नज़र आया मुझे।

है बड़ा विस्तार सागर का जहां में ऐ 'शलभ',
पर वजूद उसका भी इक क़तरा नज़र आया मुझे।

1. प्याला, बर्तन

कुछ सुनहरा कुछ अनोखा देखिए

कुछ सुनहरा कुछ अनोखा देखिए,
शाख़ों से छनता सवेरा देखिए।

नूर भी बरसेगा फिर किरदार से,
छाँट अन्तस का अँधेरा देखिए।

इस शजर पे आएगी फिर से बहार,
फिर बसा कर इक परिन्दा देखिए।

फूल-भँवरे आप के हो जाएँगे,
बाग़ों में कर के बसेरा देखिए।

आपका भी दबदबा हो जाएगा,
पाल कर कोई लुटेरा देखिए।

शीशमहलों में कहाँ है ज़िन्दगी,
झोंपड़ों में अपना चेहरा देखिए।

आपका अहसास पानी हो गया,
डूब कर दरिया में दरिया देखिए।

दामिनी तप कर 'शलभ' की आह से,
हो गई कैसी ग़ज़ाला[1] देखिए।

---

1. हिरणी का बच्चा

मिल ही न पाया कोई यहाँ मो'तबर मुझे

मिल ही न पाया कोई यहाँ मो'तबर[1] मुझे,
आया नहीं वो इश्क़ का लाज़िम[2] हुनर मुझे।

वो ख़्वाब सब जो मेरे तख़य्युल[3] में क़ैद थे,
मिलती नहीं है उनकी भी कोई ख़बर मुझे।

बिछुड़े थे हम मुहब्बतों की तल्ख़ियों के साथ,
आती हैं याद अब भी तेरी चश्मे-तर[4] मुझे।

अब ज़ीस्त में हर ओर हैं बिखरी उदासियाँ,
मिलते नहीं हैं अब तो वो शामो-सहर मुझे।

आँगन वो जिनमें हर तरफ़ बसती थी ज़िन्दगी,
टुकड़ों में दिख रहे हैं वो दीवारो-दर मुझे।

मैं ढूँढ़ता हूँ अपने ही क़ातिल का कुछ सुराग़,
लेकिन अभी वो आया नहीं है नज़र मुझे।

जो अश्वमेध यज्ञ के रोके हुए हैं अश्व,
अन्दर 'शलभ' मेरे मिला वो जल्वागर मुझे।

1. ऐतबार/योग्य, 2. ज़रूरी/उचित/मुनासिब, 3. कल्पना/ख़याल/विचारों में, 4. आँसुओं से भरी आँखें

वो बिछड़ कर भी मेरे अहसास में महकी रही

वो बिछड़ कर भी मेरे अहसास में महकी रही,
कुण्ड में यादों के मेरे आज तक जलती रही।

चल दिया झरने का पानी इक अजानी राह पर,
एक दम्भी झील अब तक प्यासी की प्यासी रही।

चुप्पियों में बात करने का हुनर दोनों में था,
बात कुछ भी थी नहीं पर बात कुछ होती रही।

बेवफ़ा पत्ते चिनारों को गए जब छोड़ कर,
बावफ़ा हर डाल बस यादों को सहलाती रही।

था बहुत बेज़ार[1] मैं अपनी नदामत[2] से मगर,
कल की हर उम्मीद फिर भी मुझको बहलाती रही।

ले गए लालो-गुहर उतरे थे जो मँझधार में,
और नदिया मेरी नादानी पे झल्लाती रही।

1. उदास, 2. पछतावा/लज्जित

बादलों पर तैरता में उड़ रहा आकाश में,
उसके आँचल की हवा भी साथ ही उड़ती रही।

ऐ 'शलभ' क्यूँ अस्त हो ये शम्स[1] अपने प्यार का,
वो हमेशा साथ थी वो साथ ही चलती रही।

---

1. सूर्य

यादों के वो चिराग़ भी पैहम नहीं रहे

यादों के वो चिराग़ भी पैहम[1] नहीं रहे,
अब ज़िन्दगी में पहले से वो ग़म नहीं रहे।

जब हसरतें औ' ख़्वाहिशें बेज़ार[2] हो गईं,
सपने तो सब छलावे थे हरदम नहीं रहे।

जो इश्क़ में निसार[3] हो यादों में बस गए,
वैसे भी सिरफिरे तो अब आदम नहीं रहे।

सागर, पहाड़, पेड़, नदी, सहरा[4] औ' सराब[5],
इन सब के बावजूद वो आलम[6] नहीं रहे।

जिससे कि गूँजती थी मुहब्बत फ़िज़ाओं में,
अब साज चाहते हैं वो सरगम नहीं रहे।

जो ख़ैरख़्वाह हैं मेरे हमदर्द दोस्तो,
उनकी दुआओं में भी वो मरहम नहीं रहे।

इलहाम[7] जिनको अपनी इदामत[8] का है यहाँ,
नामोनिशाँ भी उनके तो क़ायम नहीं रहे।

---

1. अनवरत/निरन्तर/लगातार, 2. उदास/नाख़ुश, 3. कुर्बान/न्यौछावर, 4. रेगिस्तान/बियाबान/जंगल, 5. मृगतृष्णा, 6. जीवन/संसार, 7. ईश्वरीय सन्देश, 8. शाश्वत/अमर होने का

हम तो तुम्हारे इश्क़ में बेदार[1] थे बहुत,
ग़म ही हमारे पर कभी बाहम[2] नहीं रहे।

ग़ालिब-फ़िराक़-मीर कि दुष्यन्त हों 'शलभ',
सब वक़्त की सलीब पर दायम[3] नहीं रहे।

---

1. ख़ुश, 2. एक-दूसरे पर परस्पर, 3. अमर

तल्ख़ियाँ सब दूर करने का असर पैदा किया

तल्ख़ियाँ सब दूर करने का असर पैदा किया,
हमने रेगिस्तान में भी गुलमोहर पैदा किया।

लग़्ज़िशें[1] भी ज़िन्दगी के साथ ही चलती रहीं,
हर क़दम पर नक़्शेपा इक मो'तबर पैदा किया।

रात और दिन के मिलन से सन्तुलित है ज़िन्दगी,
शम्स के भी साथ क़ुदरत ने क़मर पैदा किया।

देख मौला का करिश्मा, जो है जैसा भी यहाँ,
कुछ-न-कुछ तो हर बशर में इक हुनर पैदा किया।

भूख, रोटी, नौकरी सब भूल कर वो चल दिए,
मौत की कुछ आहटों ने ज्यों ही डर पैदा किया।

सर झुकाये हों खड़े बेशक, मगर ये भी है सच,
हर बशर के दिल में उसने इक शरर पैदा किया।

शाश्वत होता नहीं कुछ इस सियासत में 'शलभ',
हर हुकूमत के लिए इक काँचघर पैदा किया।

1. भूल-चूक/फिसलन/गिरावट

कोई भी प्रश्न तक करता नहीं है

कोई भी प्रश्न तक करता नहीं है,
ज़माने बोल तू गूँगा नहीं है।

मुझे वो आज ले कर जा रहे हैं,
किसी ने जाने से रोका नहीं है।

पहाड़ों की व्यथा को कौन जाने,
जहाँ इक पेड़ भी उगता नहीं है।

तुम्हारा ख़्वाब हैं सतरंगी बाबू,
ये बैठे-बैठे तो फलता नहीं है।

रहोगे चुप तभी रोटी मिलेगी,
'हमें' भी फिर कोई चिन्ता नहीं है।

तुझे! मोनालिज़ा मैं कैसे कह दूँ,
क़फ़स से चेहरा तक दिखता नहीं है।

हो खेवनहार कोई 'ऐटलस'-सा,
वो ब्रूटुस भी तो अब अपना नहीं है।

'शलभ' किस तीर से मारोगे इनको,
कमां तो है मगर जज़्बा नहीं है।

कैसे बसर हुई ये मेरी ज़िन्दगी न पूछ

कैसे बसर हुई ये मेरी ज़िन्दगी न पूछ,
अपनी बताए जा तू मेरे हाल की न पूछ।

बहती नदी के साथ मैं बहता चला गया,
सागर में हूँ मगर मेरी तिश्नालबी न पूछ।

मैं जानता ही कितना हूँ अब अपने आप को,
अन्दर बसा है कौन मेरे अजनबी न पूछ।

अज़मत[1] कहाँ रहेगी जो कह दूँ मैं दिल की बात,
मेरी निगार[2] आँखों की बेचारगी न पूछ।

लज़्ज़त भरी निगाहों से देखा जो उसने आज,
दीवानावार दिल की तो आवारगी न पूछ।

मैं तीरगी[3] के दश्त[4] से इक बार जा भिड़ा,
फिर उसके बाद जो मिली वो रौशनी न पूछ।

मुझको 'शलभ' मिली हैं हज़ारों ही नेमतें,
फिर कैसे शबनमी हुई ये ज़िन्दगी न पूछ।

---

1. आदर/सम्मान/इज़्ज़त, 2. प्रतिमा/मनमोहक/महबूब, 3. अँधेरा, 4. जंगल

कभी जब लौट कर आना मुहब्बत साथ में लाना

कभी जब लौट कर आना मुहब्बत साथ में लाना,
पुरानी फिर वही अपनी शिकायत साथ में लाना।

ये मेरी आँख का पानी करे इसरार[1] रह-रह कर
मेरे वो अनगिनत सजदे सदाक़त[2] साथ में लाना।

अकेला कब तलक देखूँ मैं तितली-फूल-भौंरों को,
तुम अपने हुस्न के जलवे वो रंगत साथ में लाना।

चिरौरी चाँद से कब तक, उलझना क्या सितारों से,
मेरे तुम इश्क़ की अज़मत[3] इबादत साथ में लाना।

समुन्दर की ये उज़लत[4] और बेचैनी ये माँगे है,
नदी के मीठे पानी की सदाक़त साथ में लाना।

चले जब बाग़ों में पुरवा, पकें जब आम उल्फ़त के,
हमारे प्यार की शिद्दत हरारत[5] साथ में लाना।

---

1. मनुहार/आग्रह/हठ, 2. सत्यता/सच्चाई, 3. इज़्ज़त, 4. बेचैनी/तीव्रता, 5. गर्मी

बहुत कटुता है भाषा में मिठासों में घुला है विष,
वे नग़मे प्यार के, रस्म-ए-अक़ीदत[1] साथ में लाना।

शजर से बेवफ़ाई कर परिन्दे जी न पाएँगे,
कि हिजरत[2] करने वालों की नदामत[3] साथ में लाना।

चलो आए हैं चौमासे 'शलभ' अब अम्बियाँ चूसें,
वो सारा प्यार अम्मा का, ज़हानत[4] साथ में लाना।

---

1. प्रार्थना, 2. छोड़ के जाने वालों को, 3. शर्मिन्दगी, 4. अच्छाई/योग्यता

पर्वतों को थामते थे उँगलियों के पोरों से

पर्वतों को थामते थे उँगलियों के पोरों से,
हैं कहाँ जांबाज़ वो जो खेलते थे शोलों से।

अनवरत[1] वो चल रहे थे मंज़िलें दुशवार[2] थीं,
ख़ून रिसता आ रहा था पाँवों के भी छालों से।

कोयलें कुहकीं चली मीठी हसीं सरगोशियाँ[3],
फूल डूबे इश्क़ में थे तितलियों से भौंरों से।

छुट्टी पर भगवान सब दरवेश[4] हैं सोए हुए,
अब नहीं हैं जागते प्रभु घंटियों और थालों से।

ठूँठ बनकर भी शजर कैसे गुज़ारें वक़्त को,
शान-शौक़त होती उनकी पत्तों-शाख़ों-फूलों से।

रूह जैसा तत्व तो संसार में होता नहीं,
सारे रिश्ते तो बँधे होते हैं केवल जिस्मों से।

दम्भ से तो हर दिशा हर देश ही जल जाएगा,
भस्म होगा आदमी खुद के जलाए शोलों से।

---

1. लगातार/निरन्तर, 2. मुश्किल, 3. फुसफुसाहटों में बातें करना - जैसे प्रेमी करते हैं, 4 फ़कीर

प्रोपगेंडा से कहाँ तक अब लुभाओगे हमें,
काठ की हण्डिया नहीं पकती किन्हीं हथकण्डों से।

प्यार के धागे हैं तो बस प्यार से बुनना 'शलभ',
चूमने पड़ते हैं रिश्ते आप अपनी पलकों से।

अनोखे शोख़ दिलबर हैं दिलों पर दनदनाते हैं

अनोखे शोख़ दिलबर हैं दिलों पर दनदनाते हैं,
हुनर जब हुस्न का अपने वो यूँ खुलकर दिखाते हैं।

समुन्दर और नदियों की बहुत दायम[1] मुहब्बत है,
वो बादल बन के नदियों से वफ़ा हरदम निभाते हैं।

बहुत पढ़ते हैं क़ातिल की निगाहों का सलीक़ा तो,
वो अपने घुटनों पर झुक कर उन्हें पल-पल मनाते हैं।

बहुत लज़्ज़त से देते हैं हमें वो वस्ल की दावत,
मगर जब राज़ खुलते हैं तो हँसकर मुस्कुराते हैं।

सियासी लोगों की भाई मुहब्बत भी तिज़ारत[2] है,
कि जैसे काम निकला तो वो कन्नी काट जाते हैं।

इन्हें तो 'पाक-चीनी' हार के क़िस्से सुना दीजे,
ये भूखे मर के भी उनका ही तो गुणगान गाते हैं।

ख़ुदा को क्या चढ़ाना है पता है धनकुबेरों को,
यही तो जीत का नुस्ख़ा 'शलभ' वो आज़माते हैं।

---

1. स्थाई, 2. व्यापार

वो मानता है ख़ूब हवाओं को आजकल

वो मानता है ख़ूब हवाओं को आजकल,
पर जानता नहीं है चिराग़ों को आजकल।

अब शाख़-शाख़ पर तो हैं उल्लू टँगे हुए,
खुद ढूँढ़ते दरख़्त हैं, छाँवों को आजकल।

ऐ दर्दे-दिल करें भी तो किससे शिकायतें,
पहचानता है कौन वफ़ाओं को आजकल।

फ़ोटो तो आए टी.वी. पे ख़बरों में सुर्ख़ियाँ,
यूँ कर रहे हैं दान वे फंडों को आजकल।

शाइस्तगी[1] के नाम पे हर ओर शोर है,
नींदों में कैसे लाएँगे ख़्वाबों को आजकल।

जब शाश्वत है झूठ ही उसके निज़ाम में,
सुनता है कौन सच की दलीलों को आजकल।

उनके ही दोनों हाथों में लड्डू हैं अब 'शलभ',
यूँ नेमतें मिली हैं 'बटेरों' को आजकल।

---

1. शराफ़त/तहज़ीब/शिष्टता

फूल काँटों से लिपट कर रो गए

फूल काँटों से लिपट कर रो गए,
बाग़बाँ ही विष चमन में बो गए।

आपके दस्तेकरम[1] का शुक्रिया,
अब तो पोखर भी समन्दर हो गए।

दिल से उग दीवार आँगन में चढ़ी,
रिश्तों के सम्बल तो सारे खो गए।

तन्हा-तनहा ज़िन्दगी भी रुक गई,
बैठे-बैठे पाँव भी अब सो गए।

अब अदालत फ़ैसले करती नहीं,
फ़ैसले भी भीड़ ही के हो गए।

इस करोना काल को शत-शत नमन,
सेठ धन्ना और धन्ना हो गए।

अब परों पर बन रही हैं सूलियाँ,
ये समाजी पैरहन अब हो गए।

---

1. कृपा

सौ गुनाहों के एवज़ में एक जप,
इस तरह वे पाप सारे धो गए।

एक चींटी मार कर हम भी 'शलभ',
देशभक्तों के बराबर हो गए।

छुपा के रखते हैं जो दोस्त प्यार की ख़ुशबू

छुपा के रखते हैं जो दोस्त प्यार की ख़ुशबू,
न दे सकेंगे कभी एतबार की ख़ुशबू।

कहीं भी जा बसें हम हैं पहाड़ के बन्दें,
बसी है मन में तो चीड़ और चिनार की ख़ुशबू।

ये आत्म-मुग्धता अपने ही रूप पर तौबा,
है आईने ये तेरे जां-निसार की ख़ुशबू।

हैं बोनसाई ही उपलब्ध अब तो शहरों में,
इन्हीं से आती है अब तो बहार की ख़ुशबू।

मैं अपने जहन से तुझको निकालूँ अब कैसे,
बसी है रूह में तेरे खुमार की ख़ुशबू।

ये तेरे सैंट, ये टाई, ये सारे 'सच' तेरे,
इन्हीं-सी झूठी है तेरे सिगार की ख़ुशबू।

कभी तो टूटता तारा हमें भी दिख जाए,
नसीब हो हमें भी कू-ए-यार[1] की ख़ुशबू।

---

1. प्रेयसी का दर

तमाम जिस्म पे गुदवा लिया है नाम तेरा,
है ज़ख़्म-ज़ख़्म में अब अपने प्यार की ख़ुशबू।

मचान बँध गया मज़लूम आने वाला है,
हमें तो आ रही है अब शिकार की ख़ुशबू।

फ़िज़ा में गूँजती रहती है सिम्फ़नी जिसकी,
'शलभ' को भाती है तेरे गिटार की ख़ुशबू।

एक मूरत अजनबी अच्छी लगी

एक मूरत अजनबी अच्छी लगी,
देह पर भी शायरी अच्छी लगी।

ज़िन्दगी भर तिश्नगी अच्छी लगी,
अपनी ये बेचारगी अच्छी लगी।

इश्क़ में सजदे किए, करते रहे,
पर हमें वो नकचढ़ी अच्छी लगी।

ले भी क्या जाएगा कोई लूटकर,
इसलिए ये मुफ़लिसी[1] अच्छी लगी।

मुफ़लिसी में स्वप्न सारे चुक गए,
फिर भी अपनी बेख़ुदी[2] अच्छी लगी।

सच रहा ख़ामोश चीख़ा झूठ जब,
सच की ये संजीदगी अच्छी लगी।

---

1. ग़रीबी, 2. लापरवाही

गिरते हैं झरने मधुर झंकार से,
पर्वतों की सिम्फ़नी अच्छी लगी।

हैं भले दुख-दर्द भी इसमें 'शलभ',
मुझको फिर भी ज़िन्दगी अच्छी लगी।

कोई तो रहबर मिले हों दूर सारी तल्ख़ियाँ

कोई तो रहबर मिले हों दूर सारी तल्ख़ियाँ,
दम्भ की, प्रतिशोध की, जब भी तनी हों बर्छियाँ।

प्रेम का संगीत सीखें आने वाली पीढ़ियाँ,
खेल बचपन के वो खेलें खाएँ ठण्डी क़ुल्फ़ियाँ।

सीख आई हैं ज़माने भर की वो चालाकियाँ,
जाल में फँसती नहीं हैं अब सुनहरी मछलियाँ।

छुप गए हैं चाँद-तारे ग़र्द की आग़ोश में,
लील लेंगी आसमां को ये धुएँ की चिमनियाँ।

अग्निमुख पर जब स्वयं बैठी हुई है सभ्यता,
भस्म हो जाएँगी जिसमें पीढ़ियाँ दर पीढ़ियाँ।

कृष्ण भी कब रोक पाए थे महाभारत स्वयं,
आज भी हर घर जलेगा और जलेंगी हस्तियाँ।

ये धरा औ' सूर्य मिलकर फिर उगा लेंगे वो सब,
पेड़, पर्वत, झाड़, जंगल, सभ्यताएँ, बस्तियाँ।

जीना हो गर इस धरा पर सब्र से सद्भाव से,
अंह के ताले जो खोलें ढूँढ़ लो वो चाबियाँ।

उस पुराने इश्क़ के पिनहां[1] बहुत से राज थे,
अब कहाँ ढूँढ़ें 'शलभ' जादूभरी वो चिट्ठियाँ।

1. छुपे हुए

धूप तो हड़ताल पर बैठी हुई है

धूप तो हड़ताल पर बैठी हुई है,
सुब्ह धुँधली शाम-सी मैली हुई है।

अब मुँडेरों पर नहीं आते कबूतर,
अजनबी ज़ीने की हर खिड़की हुई है।

जितना भी चाहे उफन ले अब समुन्दर,
एक अल्हड़ सी नदी बहकी हुई है।

चाय की प्याली में उतरा आसमां तो,
ख़्वाहिशें भी सब वहीं ठहरी हुई हैं।

गुमशुदा है आदमी अब ख़ुद ही ख़ुद से,
ज़िन्दगी ये जिस कदर रूठी हुई है।

वो शजर जो ठूंठ बनकर रह गए थे,
अब उन्हीं से ये हवा महकी हुई है।

हाँ! 'शलभ' से वस्ल का चर्चा हुआ था
चाँदनी अभिसार में डूबी हुई है।

चीख़ें भी दब के मर गईं कच्चे मकान में

चीख़ें भी दब के मर गईं कच्चे मकान में,
इक ज़लज़ला जो आया पहाड़ी ढलान में।

मैं हसरतों के बाग़ से मायूस लौटा हूँ,
अब कोई लुत्फ़ ही नहीं अपनी थकान में।

वादों के पाठ ही पढ़े हर मंच से उसने,
कुछ सत्य ही नहीं रहा उसके बयान में।

वे मौत के समक्ष खड़े काँपते रहे,
जो शेख़ियाँ बघारते थे सौ ज़ुबान में।

जो है ज़मीन पर उसे ही पूजिए जनाब,
कोई भी देवता नहीं है आसमान में।

हमको भी तेरे वस्ल की चाहत नहीं रही,
हमको न बैठना है तेरे इम्तिहान में।

तुम जीस्त को 'शलभ' जियो अपनी ही शर्त पर,
क्या लुत्फ़ है किसी के भला सायबान में।

हौसला अब पस्तगी के हक़ में है

हौसला अब पस्तगी के हक़ में है,
दोस्त भी अब दुश्मनी के हक़ में है।

क्यों रहें क़ायम मेरे होशो-हवास,
होश भी तो बेख़ुदी के हक़ में है।

सबकी अपनी है अना, खुद्दारियाँ,
रौशनी भी तीरगी के हक़ में है।

एक जुगनू ने कहा, 'जंगल', सुनो!
रहबरी अब रहज़नी के हक़ में है।

इक उदासी दाइमी है ज़हन में,
बन्दगी अब मयकशी के हक़ में है।

चाँदनी के इश्क़ में पागल पहाड़,
क्यों अकारण ख़ुदकुशी के हक़ में है?

आज क्यों 'फ़ुर्क़त'[1] में बैठा है 'शलभ',
शमअ से जो आशिक़ी के हक़ में है।

---

1. वियोग

जब रही हाथ में दौलत ही न बरकत कोई

जब रही हाथ में दौलत ही न बरकत कोई,
तब से बाज़ार में करता नहीं इज़्ज़त कोई।

पहले मुंसिफ़[1] भी रहम कुछ तो दिखा देता था,
अब तो उससे भी न मिलती है रियायत कोई।

सबको मनचाहा ही प्रतिबिम्ब है दिखता उसमें,
आईना भी न दिखा पाता है सीरत कोई।

शोर करते हैं शहादत का खुली सड़कों पर,
पूछिये इनसे कभी दी है शहादत कोई।

उनके तरकश में हरेक तीर छिपा होता है,
लगने कब देते हैं अपने पे वो तुहमत[2] कोई।

ये जो फ़ितरत है ज़माने की निभाओ तो कभी,
आग है रिश्तों में अब है न रिवायत कोई।

शम्अ का जलना 'शलभ' को भी कभी अखरेगा,
मौत ही मौत है इस में नहीं उल्फ़त कोई।

---

1. न्यायधीश, 2. आरोप

अब सियासत जादू का थैला हुआ है

अब सियासत जादू का थैला हुआ है,
हर मदारी आजकल नेता हुआ है।

आस्मां में दूर तक बैचेनियाँ हैं,
औ' ज़मीं पर आदमी सोया हुआ है।

अब नहीं बर्दाश्त कोई भी मुख़ालिफ़,
इस हुकूमत का तो मन मैला हुआ है।

पहले बारूदों से मिट्टी पाट दी थी,
अब हवाओं में ज़हर घोला हुआ है।

किस तरफ ले जाएगी धर्मों की नफ़रत,
आदमी उन्माद में अन्धा हुआ है।

साधु सन्तों मीडिया वालो तुम्हारा,
काम क्या था और क्या धन्धा हुआ है।

क्यूँ 'शलभ' होती है तुमको बदगुमानी,
देश में हर पंथ अब शोला हुआ है।

कभी इक़रार के बाइस कभी इन्कार के बाइस

कभी इक़रार के बाइस कभी इन्कार के बाइस[1],
मुहब्बत वो जताता है फ़क़त अधिकार के बाइस।

हमें तो आप से जानाँ मुकम्मल इश्क करना है,
कभी तक़रार के बाइस कभी मनुहार के बाइस।

मची है होड़ हर दिल में ज़माने पर यूँ छा जाएँ,
हमीं हम ही नजर आएँ हर इक अख़बार के बाइस।

पकड़ कर तितलियाँ कितनी मसल कर कितने फूलों को,
सजा कर रख दिए बाज़ार में उपहार के बाइस।

परिन्दे तो समझते हैं सभी आकाश उनके हैं,
शजर पर लौट आते हैं मगर घरबार के बाइस।

दिशाएँ जल रही हर देश में अब अफ़रा-तफ़री है,
कहीं विस्तार के बाइस कहीं तलवार के बाइस।

पहाड़ों, नदियों, फूलों, पेड़, झरनों औ' हवाओं को,
बचा के इनको रखना ऐ 'शलभ' संसार के बाइस।

---

1. सबब/कारण/निमित

कब तक तुम्हारे इश्क़ में सजदा करेंगे हम

कब तक तुम्हारे इश्क़ में सजदा करेंगे हम,
मनमर्ज़ियों से तुमसे भी रूठा करेंगे हम।

हमको सताने की कभी सोचा न कीजिए,
ताज़िन्दगी बस आपको चाहा करेंगे हम।

बिन आपके तो जीने का मक़सद नहीं कोई,
ख़ुद को जला के इश्क़ सहीफ़ा[1] करेंगे हम।

नाकामियों के डर से क्या चलना ही छोड़ दे,
जिस राह भी चलेंगे इज़ाला[2] करेंगे हम।

डालेगा कोई क्या हमें अपने क़फ़स[3] में अब,
मर्ज़ी से अपने-आप को अगुआ करेंगे हम।

पत्थर जो तोड़े बस वही आईना चाहिए,
ऐसा ही अपने आप को शीशा करेंगे हम।

हों शम्अ पर फ़िदा कि जलें इश्क़ में 'शलभ',
हर सू ही कहकशां में उजाला करेंगे हम।

---

1. रौशनी/नूर, 2. प्रज्ज्वलित, 3. पिंजरा, क़ैद

जुगनुओं से तीरगी जाती नहीं है

जुगनुओं से तीरगी[1] जाती नहीं है,
रौशनी तारों से भी पाई नहीं है।

किन खलाओं[2] में बसेंगे आप जाकर,
ज़िन्दगी उस ठौर तो रहती नहीं है।

तिश्नगी[3] को बादलों का क्या भरोसा,
आज तक इक बूँद भी बरसी नहीं है।

बेसबब अफ़वाह आतिशबाज़ी जैसी,
लौट कर धरती पे तो गिरती नहीं है।

आग से, पानी से और गोली से भाई,
भूल से भी दिल्लगी होती नहीं है।

तोते को चाहे महाभारत रटा दो,
पर सुख़न[4] की लौ तो यूँ जलती नहीं है।

लौ में जल जाएगा, कहता है 'शलभ' यूँ,
बिन जले भी ज़िन्दगी मिलती नहीं है।

---

1. अँधेरा, 2. बियाबानों, 3. प्यास, 4. काव्य

जब नहीं पहचानता है वो हमारी बन्दगी को

जब नहीं पहचानता है वो हमारी बन्दगी को,
कौन समझेगा हमारे इश्क़ की पाकीज़गी[1] को।

गो करिश्मे भी उसी के हर तरफ़ छाए हुए हैं,
हुस्न ही करता है सजदे इश्क़ की दीवानगी को।

है पता यह एक दिन तो हाथ छूटेंगे यक़ीनन,
शिद्दते दिल ज़िन्दा रखती है हमारी बेख़ुदी को।

लालसाएँ-ख़्वाहिशें तो तोड़तीं जन्मों के बन्धन,
जन्म लेता आदमी फिर-फिर बुझाने प्यास ही को।

यूँ रक़ीबों[2] दोस्तों ने कब किए हमसे छलावे
वक़्त की दीमक ही तो है चाट जाती हर ख़ुशी को।

कहकशां में गूँजती हैं उसकी रहमत[3] की शुआएँ[4],
उसके ही इल्हाम[5] से समझा है शायर शायरी को।

शाश्वत जैसे हैं सागर औ' पहाड़ों की अनाएँ,
याद रक्खेगी 'शलभ' दुनिया भी तेरी शायरी को।

---

1. पवित्रता, 2. दुश्मन, 3. कृपा, 4. किरणें, 5. कृपा से

हर डगर ख़्वाबों में या ख़ुशफ़हमियों में

हर डगर ख़्वाबों में या ख़ुशफ़हमियों में,
देश को ग़ाफ़िल रखो बस चुटकुलों में।

आईनों में देख लो अब अक्स जी भर,
फिर दिखेगा ये कहाँ परछाइयों में।

तीनों लोकों में हमारा राज है अब,
कर दो ये ऐलान सारी बस्तियों में।

हर तरह हमने शिकंजा कस दिया पर,
डर नहीं दिखता है कोई मनचलों में।

हार जाएँगी सभी ख़ुद आपदाएँ,
शंख-थाली तू बजा सातों सुरों में।

दाना-दुनका दे रहे हम पंछियों को,
आम जन को व्यस्त रक्खो फ़लसफ़ों में।

लक्ष्य था ऐड़ी उठा आकाश छूना,
वो सिमट कर रह गया है सीढ़ियों में।

जिस 'तग़ज़्ज़ुल'[1] की हो तुम करते हिमायत,
किस तरह पैदा करें हम शायरों में।

तुम 'शलभ' करते 'अदीबों'[2] की सिफ़ारिश,
नाचते हैं जो हमारी महफ़िलों में।

1. शेरियत/ग़ज़ल जैसे भाव/सुंदरता/बात कहने में कोई सार हो, 2. बुद्धिजीवी

जमीं से आस्मां तक ख़ालीपन है

जमीं से आस्मां तक ख़ालीपन है,
सुनहरे दौर का ये आगमन है।

सुनो बंसी की धुन जमुना के तीरे,
ये नटखट कृष्ण का ही बालपन है।

न आना फिर बरहमन की अलख में,
बसा रावण दिलों में फ़ितरतन[1] है।

वो कल जो बाम पे आई थी मिलने,
वही ख़ुशबू हमारी गुलबदन है।

नहीं सोचा था होगा इश्क़ हमको,
हुआ जो भी हुआ वो दफ़अतन[2] है।

तेरी आँखें हैं ग़ज़लों का ख़ज़ाना,
बहुत मुश्किल ग़ज़ल का व्याकरण है।

'शलभ' का बचपना देखो तो यारो,
हुकूमत का करे वो आकलन[3] है।

---

1. आदतन, 2. सहसा, 3. अचानक

इश्क़ कच्चा इस क़दर ज़िद पर अड़ा है

इश्क़ कच्चा इस क़दर ज़िद पर अड़ा है,
एक छज्जा टूट कर सिर पर गिरा है।

उसके सपने चाँद पर अटके पड़े हैं,
घर हमारा नींवों तक अब हिल रहा है।

रेत ही अब रह गई है इस नदी में,
उसपे भी हर ओर से डाका डला है।

'अवसरों' का ये समय है जाने मत दो,
सब अमीरों ने ही यूँ घर को भरा है।

असलियत जमकर छुपाती है सियासत,
मीडिया अब ढोल उसके पीटता है।

हर दिशा में झूठ का है बोलबाला,
सच भी बाबू झूठ में लिपटा खड़ा है।

लिख रहे इतिहास सोने की क़लम से,
कुछ सुनहरी हाथों में सूरज थमा है।

बन अलमबरदार[1] अब परचम उठा लो,
क़ाफ़िला दर क़ाफ़िला तन कर खड़ा है।

आग मंचों से लगाता था जो शायर,
अब रज़ाई में कहीं दुबका पड़ा है।

लोग सड़कों पर ही निकलेंगे यक़ीनन,
हाँ 'शलभ' अब इक यही रस्ता बचा है।

1. झंडा उठाकर आगे चलने वाला/लीडर

अरे ख़ुद से अदावत अब बताओ कौन करता है

अरे ख़ुद से अदावत अब बताओ कौन करता है,
मुहब्बत में हिमाक़त अब बताओ कौन करता है।

फ़ना हो जाए अब दुनिया, है कैसी इल्तिजा[1] तेरी,
अरे ऐसी इबादत अब बताओ कौन करता है।

बुझाओ तो गुलों की प्यास, कह दो तितलियों से अब,
ये मीठी-सी शिकायत अब बताओ कौन करता है।

धरा को लूट खाने की लगी है होड़ आदम में,
धरा से भी रियायत अब बताओ कौन करता है।

तेरे जलवों के अक्सों को रखूँ आईने में दिल के,
यूँ जलवों की हिफ़ाज़त अब बताओ कौन करता है।

सुनहरी बस्तियों के ख़्वाबों से ग़ाफ़िल रहें हम तो,
हक़ीक़त से सियासत अब बताओ कौन करता है।

मुहब्बत हार कर भी जीत जाने का किया दावा,
'शलभ' ऐसी जसारत[2] अब बताओ कौन करता है।

1. इच्छा, 2. दुस्साहस

जाके जो नज़दीक देखा ज़िन्दगी के

जाके जो नज़दीक देखा ज़िन्दगी के,
हर तरफ़ थे कारवां बेचारगी के।

ख़्वाहिशें थीं बलवती आकाश छूतीं,
हर तरफ़ मंज़र सजे थे ख़ुदकुशी के।

इक अघोषित कर्फ़्यू जैसा लग रहा है,
सारा जीवन है हवाले अब किसी के।

जी में आता है भरूँ परवाज़[1] ऊँची,
ख़ूब चर्चे सुन रहा हूँ रहज़नी के।

हर नफ़स[2] को गिन रहे सरकारी अफ़सर,
गर्म अफ़साने हैं उनकी हेकड़ी के।

बन्द तालों में छुपे ईश्वर हमारे,
क्या नए अवतार में हैं 'सन्तरी' के?

ज़िन्दा है बे-रोग अब तक ऐ शलभ जब,
गाए जा गुण तू अलौकिक उस नबी के।

---

1. उड़ान, 2. साँस

नहीं मिलता है कुछ फ़रियाद करके

नहीं मिलता है कुछ फ़रियाद करके,
बढ़ाओ हाथ अब फ़ौलाद करके।

झुकेगा आस्मां क़दमों पे हरदम,
ज़रा देखो कभी सिंहनाद करके।

अकेले करनी पड़ती है इबादत,
खुदा मिलता नहीं तादाद करके।

ग़ज़ल थिरकेगी खुद उनके लबों पर,
झुको सजदे में बस इरशाद करके।

मिटा दे बेटियों के क़ातिलों को,
उठा तलवार मन जल्लाद करके।

मिटेगी आपसी रिश्तों की कटुता,
मुहब्बत के सुकूं को याद करके।

'शलभ' चारों दिशाएँ हों ध्वनित फिर,
अमन और चैन का अनुनाद[1] करके।

---

1. गुँजान

ख़्वाबों की ताबीर करना, है कहाँ आसान साथी

ख़्वाबों की ताबीर[1] करना, है कहाँ आसान साथी,
हो सके तो मेरी ग़ज़लों से मुझे पहचान साथी।

जिनकी ख़ातिर ठूँठ बनकर है शजर क़िस्मत को रोता,
मानते कब हैं ये पंछी उसका अब अहसान साथी।

पूछिएगा आईने से आप अगर अपनी हक़ीक़त,
मुस्कुरा कर कह उठेगा आपको नादान साथी।

ले चलो उँगली पकड़ कर मुझको उसके आस्ताँ तक,
अब उसी दर से मिलेगा मुझको हर सम्मान साथी।

पाप औ' धन का बराबर एक रिश्ता तो रहा है,
वो बना भगवान साथी ये हुआ धनवान साथी।

सागरों को ये ग़लतफ़हमी रही अक्सर जहां में,
उनके बिन हो जाएगी जैसे धरा वीरान साथी।

सूर्य में है आग जब तक, चाँद से चाँदी बरसती,
है 'शलभ' तब तक धरा को जीने का वरदान साथी।

---

1. ख़्वाबों को बयां करना

उसका नहीं है कोई भी दस्तूर दोस्तो

उसका नहीं है कोई भी दस्तूर दोस्तो,
रहता है अपने आप में मग़रूर दोस्तो।

दुश्वारियों के दौर में जो घाव दे गए,
कहिए उन्हें न दोस्त, हैं नासूर दोस्तो।

अपनी अना से शख़्स जो इक बार गिर गया,
होना है एक दिन उसे बेनूर दोस्तो।

रोटी है पास उसके न रोज़ी का सिलसिला,
मारा हुआ है वक़्त का मज़दूर दोस्तो।

हर धाँधली से लूट से जो धन कमा गए,
वो रातोरात हो गए मशहूर दोस्तो।

मशगूल हैं अदीब जुगाड़ों में रात-दिन,
ऐसे अदीब अब नहीं मंज़ूर दोस्तो।

शासक के मन में होता है हैवान इक छुपा,
सत्ता के मद में रहता है जो चूर दोस्तो।

वो भी 'शलभ' के साथ की माँगा किए दुआ,
जिनको मिला है प्यार में भरपूर दोस्तो।

इश्क़ की दरियादिली है और है वो मेहरबां

इश्क़ की दरियादिली है और है वो मेहरबां,
शौक़ से दुनिया सुनेगी अब हमारी दास्तां।

आदमी आज़ाद हों पंछी रहें क्यूँ क़ैद में,
साँस हो स्वछन्द उनकी और खुली हो कहकशां।

उसको भी हरदम पता है युद्ध से हारेंगे सब,
अपनी कुर्सी के लिए लड़ता है लेकिन हुक्मरां।

चल पड़ो तो फिर सफ़र में मंज़िलें मिल जाती हैं,
पाँव चलते जाएँ तो रुकते नहीं हैं कारवां।

वो पलट देता है बाज़ी जीत वाली हार में,
दुश्मनों से जा मिला है जब किसी का राज़दां।

ज़िन्दगी भर वो घड़ी ही याद रहती है हमें,
जब ज़रा-सी भी हवा होती नहीं है दरमियां।

देखते हो क्या 'शलभ' दीवानगी से शम्स को,
आग में सब जल गया बाक़ी बचा है बस धुआँ।

बहुत अभिसार की बातें करेंगे

बहुत अभिसार की बातें करेंगे,
वे तब इंकार की बातें करेंगे।

लगा के आग वो पहले चमन को,
तेरे रुख़सार की बातें करेंगे।

मुहब्बत तर्क करके रूठ के वो,
पलट के प्यार की बातें करेंगे।

अरे वो तिफ़्ल[1] जो चल भी न पाए,
वही रफ़्तार की बातें करेंगे।

रक़ीबों से जो मिल के लूटते हैं,
तेरी दस्तार की बातें करेंगे।

हुकूमत के हैं जो गूँगे पुजारी,
बहुत गुफ़्तार की बातें करेंगे।

जो दमड़ी भी नहीं देते मजूरी,
वो किस अधिकार की बातें करेंगे।

---

1. छोटे लोग

दबे हैं राख में अरमान जिनके,
वो कब अंगार की बातें करेंगे।

मुसलसल[1] दुश्मनी है जिनका मक़सद,
'शलभ' निस्सार[2] की बातें करेंगे।

1. लगातार, 2. सारहीन

हर तरफ़ जकड़न भरा आकाश ही छाया हुआ है

हर तरफ़ जकड़न भरा आकाश ही छाया हुआ है,
हर दिशा में इक अजब संत्रास ही छाया हुआ है।

कोई भी झुठला नहीं पाया 'उलटबाँसी' को उसकी,
शाश्वत वाणी का वो 'रैदास' ही छाया हुआ है।

अब हमेशा तो नहीं चढ़ती है हँडिया काठ वाली,
विश्व भर में 'आपका' उपहास ही छाया हुआ है।

हिज्र[1] में तेरे जलें अब तो सज़ा तजवीज़[2] कर दे,
इश्क़ की क़िस्मत में अब बनवास ही छाया हुआ है।

छातियों को छलनी करके जोड़ लो तुम सभ्यताएँ,
अब पहाड़ों में ये इक अहसास ही छाया हुआ है।

लौटने को हैं बहारें तेरी ख़ुशबू है फ़िज़ा में,
सब दिशाओं में तो ये विश्वास ही छाया हुआ है।

फिर 'शलभ' को लग गई आकाश छूने की ललक अब,
फिर 'शलभ' पर 'देव वाला दास' ही छाया हुआ है।

1. वियोग, 2. निर्धारित

तुम्हारी खारी बातों से दिलों पर चोट लगती है

तुम्हारी खारी बातों से दिलों पर चोट लगती है,
बहुत 'शृंगारी' बातों से दिलों पर चोट लगती है।

गुलाबों में पिरो कर ये जो पत्थर मारते हो तुम,
इन्हीं तलवारी बातों से दिलों पर चोट लगती है।

कोई तक़रार भी करना नहीं मंज़ूर है तुमको,
बहुत दोधारी बातों से दिलों पर चोट लगती है।

ग़रीबी हट चुकी कब की, ये दावे हैं बड़े दिलकश,
फ़क़त मुख़्तारी बातों से दिलों पर चोट लगती है।

ख़लाओं के अँधेरों में विरोधी सब जमा कर दो,
ग़लत फुफकारी बातों से दिलों पर चोट लगती है।

मेरे आक़ा से ऊँचा इस जहां में 'क़द' नहीं कोई,
इन्हीं दरबारी बातों से दिलों पर चोट लगती है।

कभी फ़ुर्सत में बैठो तो 'शलभ' का हाल भी जानो,
बहुत फ़नकारी बातों से दिलों पर चोट लगती है।

जिस तरह हम आपको दिलबर लगे

जिस तरह हम आपको दिलबर लगे,
आप भी हमको बहुत हटकर लगे।

झिलमिलाता अक्स पानी में तेरा,
झील भी पहने हुए ज़ेवर लगे।

क्रोध में बहती नदी बिफरी हुई,
वासना में तप उठा पैकर लगे।

लब रहें ख़ामोश आँखें बोलतीं,
हुस्न तो पढ़ता हुआ मन्तर लगे।

इश्क़ में सब बाज़ियाँ हारीं मगर,
इश्क़ करना ही मुझे बेहतर लगे।

किस तरह दिल जीत लूँ मैं आपका,
आप ही मुझको मेरे रहबर[1] लगे।

अब चमन पर बाग़बाँ का हक़ नहीं,
उसके अब उतरे हुए तेवर लगे।

---

1. मार्गदर्शक

कितने फ़ित्ने[1] हो गए हम पर सवार,
ओखली में दे दिया फिर सर लगे।

कुछ मुक़ाबिल है नहीं अपने 'शलभ',
अपनी मुट्ठी में हरेक मंजर लगे।

---

1. दंगा-फसाद/अचानक होने वाले उपद्रव

आस्मां में है क्या नगर कोई

आस्मां में है क्या नगर कोई,
जबकि दीखती नहीं डगर कोई।

झूठ, धोखे, सियासी मक्कारी,
है हुकूमत से तल्ख़तर कोई।

ख़ैरमक़्दम[1], उन्हीं का होता है,
जिनके हाथों में हो हुनर कोई।

ठण्डे बंजर पहाड़ हैरां हैं,
क्यूँ करें हमको दर-ब-दर कोई।

नदिया-सागर में इश्क़ है गहरा,
ये नहीं रिश्ता, बूँद भर कोई।

बात महशर[2] की जब चलेगी 'शलभ',
बच न पाएगा फिर बशर कोई।

---

1. स्वागत, 2. कयामत

तुम्हारी याद में लहकी हुई परछाइयाँ सारी

तुम्हारी याद में लहकी हुई परछाइयाँ सारी,
हमें लगती हैं अच्छी इश्क़ में लाचारियाँ सारी।

पहाड़ों की सदाएँ मोहती हैं मन हमेशा ही,
मेरे कानों में घोलें मीठी वो सरगोशियाँ सारी।

शिकायत की जो मैंने आईने से उसकी फ़ितरत की,
मेरे ही मुँह पे दे मारी हैं उसने तल्ख़ियाँ सारी।

ग़लतफ़हमी हमारी थी हमारा 'बाग़बाँ' है वो,
फ़ना कर रख दीं गुलशन में हैं जिसने तितलियाँ सारी।

कहा सागर ने भरता हूँ सदा नदियों के दामन को,
कि मैं लौटाता हूँ उनको अदाएँ मस्तियाँ सारी।

अगर आँखों पे पट्टी बाँध लें अपनी हुकूमत तो,
पढ़ेगा कौन फिर मजबूर की वो अर्ज़ियाँ सारी।

अभी तो दूर है दुश्मन अभी जल्दी है क्या तुमको?
समय आने पे निपटाएँगे हम दुश्वारियाँ सारी।

तेरी दहशत भरी 'दिल्ली' हमें क्या रास आएगी,
पहाड़ों पर ही अब काटेंगे हम तो सर्दियाँ सारी।

'शलभ' इलहाम था जिनको नई दुनिया बनाने का,
उन्हीं के बुततराशों ने हैं तोड़ी मूर्तियाँ सारी।

क्या तुम्हारी क़ैद से आज़ाद होगी ज़िन्दगी फिर

क्या तुम्हारी क़ैद से आज़ाद होगी ज़िन्दगी फिर,
या क़फ़स में बेसबब बर्बाद होगी ज़िन्दगी फिर।

चाँद तारे कहकशां सब ख़ाक में मिल जाएँगे क्या,
फूल तितली से कभी आबाद होगी ज़िन्दगी फिर।

आदमी की जात में कुछ तो मुक़द्दस है खुदाया,
गर नवाज़े तू इसे बुनियाद होगी ज़िन्दगी फिर।

चूम कर होंठों को तेरे गर फ़ना हो जाऊँ भी मैं,
ये बता ऐ मेहरबां क्या शाद होगी ज़िन्दगी फिर।

जगमगाएगी ये दुनिया फिर उसी अन्दाज़ में तो,
दिव्यता का भव्य-सा प्रासाद होगी ज़िन्दगी फिर।

पेड़, पौधों, सागरों, पर्वत, घटाओं तितलियों से,
जी उठेगी फिर धरा संवाद होगी ज़िन्दगी फिर।

आज तक तो हर बला को हम हराते आ रहे हैं,
जीत जाएँगे 'शलभ' अनुनाद[1] होगी ज़िन्दगी फिर।

---

1. गुंजायमान/रेज़ोनेंस/प्रतिध्वनित

कुछ ख़्वाहिशों की और थी कुछ इज़्तिराब की

कुछ ख़्वाहिशों की और थी कुछ इज़्तिराब[1] की,
ये ज़िन्दगी भी हमने ही तो इन्तख़ाब[2] की।

जिसने हमारे इश्क़ की मिट्टी ख़राब की,
मकरन्द की भी ख़ुशबू तो उसने शराब की।

हम डायरी में लिखते रहे हादसे तमाम,
पूरी यूँ हमने इश्क़ की अपनी किताब की।

अख़लाक़[3] तो बुलन्द था किरदार[4] भी बुलन्द,
उसके अदब में बात भी हर लाजवाब की।

कितना 'शलभ' झुकेगा तू अब इस निज़ाम में,
ग़ज़लें सुना के देख तू अब इन्क़लाब[5] की।

---

1. बेचैन, 2. चुनी (चुनाव करना), 3. शिष्ठता, 4. व्यक्तित्व, 5. विद्रोह

प्यार का हर लम्हा तेरी यादों से महका हुआ

प्यार का हर लम्हा तेरी यादों से महका हुआ,
इश्क़ की बरसात में तन-मन है अब भीगा हुआ।

ख़ूब थी बरसी घटाएँ रात भर आकाश से,
टीन की छत पर मिला पानी बहुत ठहरा हुआ।

झील के निस्सीम[1] पानी में झलकती कहकशां,
थी वो परछाईं तेरी या फिर मुझे धोखा हुआ।

रात भर सोया रहा मैं नींद की आग़ोश में,
रात भर पलकों पे इक सपना मिला जागा हुआ।

किस क़दर बेचैन था यारो मेरा अहसास भी,
कितने सहराओं में भटका कैसा बंजारा हुआ।

हो कोई मोनालिज़ा या हों नई अय्यारियाँ,
सत्य जो है बस उसी का रूप ही सच्चा हुआ।

मिल नहीं पाई मिलन में भी हक़ीक़ी गर्मियाँ,
साफ़ दिखता है 'शलभ' चेहरा तेरा उतरा हुआ।

---

1. विस्तृत

ख़ामोशियों की ख़ोल में जब हम चले गए

ख़ामोशियों के ख़ोल में जब हम चले गए,
ऐसा लगा कि जीस्त से सब ग़म चले गए।

बरसात ही ख़फ़ा नहीं जाड़े भी हैं ख़फ़ा,
देते थे जो सकून, वो मौसम चले गए।

संगीत के सुरों-सी थीं उनकी समाअतें,
हर साज़ रूठ बैठा वो जिस दम चले गए।

ये दिल्लगी नहीं है, ये तो इश्क़ है जनाब,
इस लाइलाज मर्ज़ के मरहम चले गए

रोती हैं अपने हाल पे गुलशन की बुलबुलें,
क्यों बाग़बां नयन लिए पुरनम चले गए।

आँखों में ताज़गी भी थी दिल को सुकून था,
वो दोस्त भी गए, तो वो आलम चले गए।

जब शम्अ दस्तबोसी[1] में मशगूल था 'शलभ'
शब के सफ़र के सब हसीं आलम चले गए।

---

1. किसी के हाथों को चूमना

दिल ये इक जर्जर मकां-सा हो गया है

दिल ये इक जर्जर मकां-सा हो गया है,
एक भूली दास्तां-सा हो गया है।

अब हैं ओझल हो चुके अवशेष सच के,
झूठ जब पुख़्ता बयां-सा हो गया है।

एक जुमला दफ़अतन[1] बोया था उसने,
ऊँचा अब वो आस्मां-सा हो गया है।

मौसमों ने रौंद डाला है चमन को,
बाग़बां भी बेज़ुबां-सा हो गया है।

हो रही क़द-काठियों की बोनसाई,
आदमी सिमटे जहां - सा हो गया है।

रहनुमा ही मिल गए दुश्मन से उसके,
वो लुटा इक कारवां-सा हो गया है।

दस्तरस[2] उसकी बुलन्दी तक 'शलभ' है
अब पियादा हुक्मरां-सा हो गया है।

---

1. जानबूझकर/अचानक, 2. पहुँच/शक्ति

उसके आँचल में छुपी कोई ख़ुशी हो जैसे

उसके आँचल में छुपी कोई ख़ुशी हो जैसे,
मेरे अहसास में वो गहरे बसी हो जैसे।

आसमानों में कहीं आग लगी हो जैसे,
इक नदी झूम के सहरा में बही हो जैसे।

झील के पानी पे काई सी जमी हो जैसे,
मेरी फ़ितरत में यही रेत-घड़ी हो जैसे।

कान में आपने कुछ मेरे कहा लगता है,
मेरे किरदार में उतरा वो नबी हो जैसे।

मैं तख़य्युल[1] में उसे सोचता हूँ हरदम ही,
इस 'तज़ल्ली'[2] में मेरी आँख खुली हो जैसे।

फिर दुशासन न कोई चीर हरण कर पाए,
द्रौपदी खुद में ही अब ज्वालामुखी हो जैसे।

हम तेरे देश में आए हैं मुहाजिर[3] बनकर,
हर गली लगता है अब तेरी गली हो जैसे।

---

1. ख़्यालों, 2. ईश्वरीय प्रकाश, 3. अपने देश को छोड़ दूसरे देशों में बसने वाले मुस्लिम

अपनी आग़ोश में मुझको यूँ छुपाए रखिए,
ज़िन्दगी आपके पैकर में ढली हो जैसे।

एक बंजारे-सी हस्ती है 'शलभ' अपनी तो,
कृष्ण की बांसुरी हर गाँव बजी हो जैसे।

लोकसत्ता की 'सुखद' ये सरहदें सब

लोकसत्ता की 'सुखद' ये सरहदें सब,
कीजिए आवाहन् अब आगे बढ़ें सब।

छोड़िए आईने में सीरत परखना,
अब दिखाता है वो केवल सूरतें सब।

जी, ख़ुदा रहता नहीं है इनके भीतर,
पत्थरों की रह गईं हैं मूरतें सब।

'ट्रम्प दादा' आ रहे हैं इण्डिया में,
टाट के नीचे छुपा दो ग़ुरबतें सब।

सुबह मिलकर शाम से है फिर जुदाई,
एक दिन की रह गईं हैं उल्फ़तें सब।

ये ज़मीनो आस्मां सब हैं हमारे,
ये हमारे हुक्म से ही अब चलें सब।

'लव ज़िहादी' का 'शलभ' क़ानून भी हो,
उसके अन्दर ही मिलेगीं क़ुर्बतें[1] सब।

---

1. मिलन

हुआ जो इश्क़ हमको वो यक़ीनन दफ़अतन होगा

हुआ जो इश्क़ हमको वो यक़ीनन दफ़अतन[1] होगा,
तुम्हारे मन में भी उछला मुहब्बत का हिरन होगा।

इशारों ही इशारों में नहीं कुछ बात है बनती,
बिना परवाज़ के कैसे परों में ये गगन होगा।

उजागर वह नहीं करता कभी सच्चाइयाँ मेरी,
समझता है ये दर्पण, मित्र ही तो निर्वसन होगा।

सदाक़त की जमाने में है करता कौन पुरसिश अब,
जहाँ सूरज उदय होगा वहीं तो आचमन होगा।

धुँधलके में पहाड़ों के कभी घुल जाऊँगा मैं भी,
मुझे दफ़ना वहीं देना वहीं तो मेरा मन होगा।

मेरे मुर्शिद[2] मेरे हक़ को बहुत तस्लीम करते हैं,
समय ही तय करेगा गर ग़लत ये आचरण होगा।

नए आयाम तय होंगे, 'शलभ' अब बुतपरस्ती के,
ये शासक तय करेंगे किसका अब क्या पैरहन होगा।

---

1. अचानक, 2. चाहने वाला/गुरु

देर तक बैठा रहा, था बन्द तेरा दर मगर

देर तक बैठा रहा, था बन्द तेरा दर मगर,
जाने क्यों लौटा नहीं कल मैं भी अपने घर मगर।

आँधियों तूफ़ान बाढ़ों से नहीं अब भय कोई,
फ़ितरतों से आदमी की लग रहा है डर मगर।

डूबता है तैरने वाला ही मेरे नाख़ुदा,
है अना के बोझ से टूटा तेरा पैकर मगर।

झील-सा किरदार मेरा काँपता रह जाएगा,
झूठ का फेंकेगा वो तुम देखना कंकर मगर।

जानता हूँ मैं चुनौती झूठ की है दुर्ग-सी,
हाँ बढ़ेंगे हौसलों से सब मेरे लश्कर मगर।

ये तेरी सब सिद्धियाँ-जुमले धरे रह जाएँगे,
ख़ाक कर देगी रियाया सब तेरे जन्तर मगर।

तेरा अन्दाज़े ख़ुदाई यह मुबारक हो तुझे,
टूट कर फिर कब जुड़ा है कोई भी पैकर मगर।

हम सिकन्दर-सा समझते थे तुझे योद्धा 'शलभ',
किसलिए फिर जंग में टूटा तेरा तेवर, मगर।

सजावट के लिए सजते दिखे बाज़ार दुनिया में

सजावट के लिए सजते दिखे बाज़ार दुनिया में,
सभी मतलब को करते हैं यहाँ मनुहार दुनिया में।

कई शायर पढ़ाते पाठ थे ख़ुद्दारियों का जो,
जमाते हैं वो संयोजक के सब दरबार दुनिया में।

वही जो लूटते आए थे हमको आज तक खुल कर,
वही अब बन के बैठे हैं नए सरदार दुनिया में।

समुन्दर औ' पहाड़ों पर लगा कर बन्दिशें अद्‌भुत,
बने हैं देश के देखो वो पालनहार दुनिया में।

नई शासन की 'परिभाषा' बनाने में जुटे हैं वो,
निपटना उनसे है अब हो रहा दुशवार दुनिया में।

यहाँ हैं काँचघर सारे उछाले कौन अब पत्थर,
'नए कुछ' लोग तो आएँ लिये अंगार दुनिया में।

ये बढ़ती मुफ़लिसी, बेरोज़गारी के नए आलम,
कभी तो आएगा कोई 'शलभ' अवतार दुनिया में।

पेंडुलम हूँ मैं समय का मुझको चलने दीजिए

पेंडुलम हूँ मैं समय का मुझको चलने दीजिए,
जीवों के अस्तित्व को मुझमें पिघलने दीजिए।

परिक्रमा करती धरा से सूर्य ने इक दिन कहा,
एक करवट तो कभी मुझको बदलने दीजिए।

इतनी बेताबी नहीं वाजिब है शायद इश्क़ में,
हौले-हौले प्यार के अंकुर को फलने दीजिए।

बस ये ख़ुद्दारी मेरे किरदार का हिस्सा रही,
इसका हर पैकर मेरे रंगों में ढलने दीजिए।

लो सभी पतवारें टूटीं, कश्तियाँ डूबीं सभी,
सूरते हालात को कुछ तो सँभलने दीजिए।

मैं कि बस रुख़सार की गर्मी से पिघला हूँ ज़रा,
वस्ल की हाँडी में मुझको फिर उबलने दीजिए।

कोरी-कोरी चाहतों का कुछ नहीं हासिल 'शलभ',
इक दिया शिद्दत का भी अन्तस में जलने दीजिए।

है अब यह जिस्म तो क्या रूह भी उधड़ी हुई भाई

है अब यह जिस्म तो क्या रूह भी उधड़ी हुई भाई,
हमारे इश्क़ की दुनिया तो है बिखरी हुई भाई।

अदालत में गए जब हम अहलमद[1] तंज से बोला,
यहाँ मुंसिफ़ की गर्दन है बहुत अकड़ी हुई भाई।

मुहब्बत अब गुलों से क्यों भला हो बाग़बानों को,
हो क़ीमत काग़ज़ी फूलों की जब उछली हुई भाई।

चमन में बुलबुलें अब 'आम' से परहेज़ करती हैं,
दलालों से है उनकी आजकल यारी हुई भाई।

सिकन्दर हार के भागा था पोरस की निगाहों से,
कहानी 'वे' सुनाते हैं यही बदली हुई भाई।

मिला वो फूल मुद्दत से दबा मेरे रजिस्टर में,
पुरानी चोट फिर देखी बहुत उभरी हुई भाई।

'शलभ' पैग़ाम वो लिखती है 'मैंने पढ़ लिया' देखो,
यथावत् आज तक मुझसे है जो रूठी हुई भाई।

---

1. रीडर

मैं तेरे इश्क़ में खोया हुआ दरिया होता

मैं तेरे इश्क़ में खोया हुआ दरिया होता,
या कोई चाँद का टूटा हुआ टुकड़ा होता।

कोंपलें फूटतीं इक पेड़ घनेरा होता,
बीज गर एक मुहब्बत का जो रोपा होता।

शम्स की एक किरण मेरा मुक़द्दर होती,
हो न पाता जो समुन्दर तो मैं कतरा होता।

ज्वार-भाटे-सी अगर अपनी भी फ़ितरत[1] होती,
चाँद के साथ ही बढ़ता, कभी घटता होता।

वो मुजस्सिम[2] जो मेरे रू-ब-रू रहता हरदम,
हर जनम मैंने उसी रूप को पूजा होता।

सोच मर जाए तो सपने भी कहाँ बचते हैं,
तारा मन्नत का कभी एक तो टूटा होता।

सुर्ख़रू हो गए रुख़सार लबे-अफ़्शां[3] से,
ज़ायक़ा लब का तेरे इससे क्या मीठा होता।

---

1. आदत/चरित्र, 2. मूर्ति, 3. होंठों की चमक से

हाथ तेरा जो मेरे हाथ में होता साथी,
उम्र भर हिज्र में ऐसे नहीं बिखरा होता।

शम्अ की अन्धी मुहब्बत में फ़ना[1] होने से,
गर 'शलभ' बचता तो, किरदार[2] का चेहरा होता।

1. नष्ट, 2. शख्सियत

छुपा के मन में रक्खे हैं तुम्हारे नाम के पत्थर

छुपा के मन में रक्खे हैं तुम्हारे नाम के पत्थर,
नहीं मिल पाए हैं हमको तुम्हारे दाम के पत्थर।

कहेंगे हम रुबाई फिर उसी अन्दाज़ में अब भी,
दिला दो तुम हमें साथी उमर-ख़ैयाम के पत्थर

हमारी बाल्कनी में भी उतर आएगा कल चन्दा
चुना देंगे तुड़ा कर हम तुम्हारे बाम के पत्थर।

चमन में बाढ़ आ जाएगी फूलों की फ़सानों की,
अगर बोएँगे हम मिल कर गुले-गुलफ़ाम के पत्थर।

अलमबरदार[1] बनता है 'शलभ' बेसाख़्ता सबका,
उसी के सर पे आएँगे सभी इल्ज़ाम[2] के पत्थर।

1. पथ प्रदर्शक, 2. आक्षेप

न तुमने दुश्मनी में ही कमी की

न तुमने दुश्मनी में ही कमी की,
निभाई भी रिवायत[1] दोस्ती की।

कुहासों से निकलना चाहता हूँ,
उजालों तक पहुँच है क्या किसी की।

वो दिन में ढूँढ़ता है चाँदनी को,
ये कैसी इन्तिहा[2] है बेख़ुदी[3] की।

शिकारे छोड़ कर आए हैं अपने,
तमन्ना है सभी को वापसी की।

जहाँ कल था वहाँ मैं अब नहीं हूँ,
यही तो रस्म है आवारगी की।

पुनः 'दुष्यन्त' सी सुलगाओ ज्वाला,
तवक़्क़ो[4] फिर यही है शायरी की।

वो आई धड़कनें ले कर हमारी,
हुई शुरुआत फिर से ज़िंदगी की।

1. रिवाज़, 2. पराकाष्ठा/अंत, 3. मस्ती-स्वयं में मग्न/बेखबरी, 4. आशा/उम्मीद

नया सूरज उगाओ अब तो यारो,
तमस[1] को है ज़रूरत रौशनी की।

वो रहज़न[2] है कभी भी लूट लेगा,
जो बातें कर रहा है रहबरी की।

'शलभ' को ये नसीहत मिल रही है,
हदें मत पार कर ज़िन्दादिली की।

1. अँधेरा, 2. राह में लूटने वाला

ये दस्तावेज़ हैं उनके गुनाहों के, ज़रा देखें

ये दस्तावेज़ हैं उनके गुनाहों के, ज़रा देखें,
नतीजे हैं ये ज़हरीली हवाओं के, ज़रा देखें।

तुम्हारे झूठ की हद ही नहीं होती कभी कोई,
गड़ा सच बीच में ग़ाफ़िल अँधेरों के, ज़रा देखें।

अगर 'आदिल' है तू सच्चा उठा गांडीव अब अपना,
हैं कटते सर ये कैसे इन लुटेरों के, ज़रा देखें।

घनी काली-सी रातों में बिसात अब जुगनुओं की क्या,
कभी होंगे भी दर्शन अब सवेरों के, ज़रा देखें।

बड़ा शातिर है नाविक रेत पर कश्ती चलाता है,
चलेगा दांव वो कैसे इरादों के, ज़रा देखें।

हथेली पर जमाते ख़ूब सरसों अब सियासतदां,
उगेंगे फूल अब कैसे बबूलों के, ज़रा देखें।

'शलभ' तो फ़ित्नागर[1] है डाल दो इसको अँधेरों में,
फ़ना हो जाएगा ये बिन चिराग़ों के, ज़रा देखें।

---

1. उपद्रवी

अब पतंगें इश्क़ की जम कर उड़ाओ दोस्तो

अब पतंगें इश्क़ की जम कर उड़ाओ दोस्तो,
अपने हाथों का हुनर कुछ तो दिखाओ दोस्तो।

आजकल क़िस्से-कहानी गढ़ रहे 'कक्का कहिन',
लुत्फ़ 'नंगे झूठ' का जी भर उठाओ दोस्तो।

काठ की घोड़ी ने जाकर चाँद तारों से कहा,
इस गगन की सैर मुझको भी कराओ दोस्तो।

सूर्य को था भेद पाया कर्ण ही का तीर कब,
ऐसी गाथा से सियासी लक्ष्य पाओ दोस्तो।

एक ठण्डी रात में 'सूरज को सर्दी' लग गई,
दुनिया भर में वाइ'रल क़िस्सा कराओ दोस्तो।

हर नफ़स[1] के भाव का हम ख़ुद करेंगे आकलन,
आज का ये सच सभी को तुम रटाओ दोस्तो।

'भूख औ' बेरोज़गारी' कल्पनाएँ हैं 'शलभ',
ये नगाड़े ज़ोर से अब तुम बजाओ दोस्तो।

---

1. साँस

खड़े तैयार हैं 'बगुले' सभी नदियों, फ़सीलों पर

खड़े तैयार हैं 'बगुले' सभी नदियों, फ़सीलों[1] पर,
चुनेंगे देशद्रोही ये तो अब तेरे इशारों पर।

पहाड़ों का भी अपनापन नहीं मंज़ूर अब जिनको,
जलाएँगे हमें अब तो वो सूरज के शरारों पर।

निरंकुश 'लोकसत्ता' हो रही कसना ज़रूरी है,
लगानी ही पड़ेंगी बन्दिशें अब इख़्तियारों पर।

लो खा लो जितनी भी चाहो तुम्हें रोटी से मतलब है,
लो सपने कहकशां के और फेरो हाथ पेटों पर।

हुकूमत, मीडिया, मुंसिफ़, ये फ़ौजें ये पुलिस अपनी,
अरे शासन को देखा है कहीं झुकते दलीलों पर?

किसी सूरत हमारा कारवां अब रुक न पाएगा,
नया सूरज उगेगा अब यहाँ सारी फ़सीलों पर।

ये 'भामाशाह' अपने माँगते बलिदान की क़ीमत,
ग़रीबी ये भगाएँगे 'शलभ' चढ़ कर दिनारों पर।

---

1. दीवारें

तेरी आँखों की नई-सी रौशनी अच्छी लगी

तेरी आँखों की नई-सी रौशनी अच्छी लगी,
रूह में गहरी बसी वो तिश्नगी अच्छी लगी।

ये मुहब्बत का असर था या अदाओं का, मगर,
प्यार में लिपटी तेरी हर बेरुख़ी अच्छी लगी।

चाँद से जब रूठ कर आँगन में मेरे आ गई,
खिड़कियों से झांकती कल चाँदनी अच्छी लगी।

गुनगुनाती गूँजती हैं चूसती फूलों के रस,
बाग़बाँ को तितलियों की सिम्फ़नी अच्छी लगी।

'रौशनी' के दम्भ को क्यूँ कर करें स्वीकार हम,
हमको अपनी तीरगी से दोस्ती अच्छी लगी।

कान पकड़े सामने नदियों के सागर है खड़ा,
हमको उनके प्यार की ये दिल्लगी अच्छी लगी।

भोले बच्चे को दिखाया चाँद, पर उसको 'शलभ',
पेंसिलें, रबड़ें, इरेज़र, केड्बरी अच्छी लगी।

कहानी सुन न पाओ तो कहानी देखते जाओ

कहानी सुन न पाओ तो कहानी देखते जाओ,
दिए जो ज़ख़्म तुमने वो निशानी देखते जाओ।

किसी वट वृक्ष-सी देखो जटाएँ कैसे फैली हैं,
हुई अफ़सुर्दा[1] जिनमें वो जवानी देखते जाओ।

बहुत से गाँवों को खोकर कहीं इक शह्र बसता है,
तरक़्क़ी की है यह असली कहानी देखते जाओ।

तुम्हारे सुर्ख़रू होंठों पे कैसी ताब है हरदम,
हमें है प्यास जन्मों की बुझानी देखते जाओ।

कई सहराओं में भटके कई झीलों में हम उतरे,
हमारे इश्क़ की शिद्दत पुरानी देखते जाओ।

तपस्या रत 'शलभ' महबूब के सजदे में है कब से,
उसे पाने की ज़िद जो उसने ठानी देखते जाओ।

---

1. मुरझा गई

मैं अपनी तीरगी से जब कभी दो-चार होता हूँ

मैं अपनी तीरगी से जब कभी दो-चार होता हूँ,
तुम्हारी रौशनी से ही तो मैं गुलज़ार होता हूँ।

हज़ारों हैं भँवर दरिया में, लाखों ज़िन्दगानी में,
यही दुश्वारियाँ खेने को मैं पतवार होता हूँ।

कहाँ तक आप अगुवाई करेंगे उनके ज़ख़्मों की,
मैं हर मुफ़लिस के ग़म का खुद छपा अख़बार होता हूँ।

हमारी इसलिए पटरी कभी बैठी नहीं तुमसे,
सियासी शौक़ की छाती पे मैं तलवार होता हूँ।

तेरी दहलीज़ तक उनकी नहीं कोई पहुँच अब तक,
मैं ही ग़मख़ार हूँ उनका मैं ही दरबार होता हूँ।

जो दीपक रात भर जलते हैं शलभों के तसव्वुर में,
उन्हीं के इश्क़ की शिद्दत से मैं सरशार होता हूँ।

गुलाबों में कभी महकूँ कभी कलियों की पुरसिश में,
मैं इनकी शानो-शौक़त की 'शलभ' दस्तार होता हूँ।

अँधेरों के छलावों को ही ताबानी समझ बैठे

अँधेरों के छलावों को ही ताबानी[1] समझ बैठे,
हम इतनी पुरख़तर[2] राहों को आसानी समझ बैठे।

सराबों[3] ने है भरमाया हमें हर बार ही यूँ तो,
हम अपनी तिश्नगी[4] में रेत को पानी समझ बैठे।

तुम्हारे रास्ते से हट गया मैं एहतरामन क्या,
मेरी दानाई[5] को तुम मेरी नादानी समझ बैठे।

हवन की आग से उसने जला डाला है बस्ती को,
लुटेरा भी वही था हम जिसे दानी समझ बैठे।

चमकते दूर के पर्वत भरे थे रेत मिट्टी से,
हम अपनी बेख़ुदी में उनको तो धानी समझ बैठे।

हज़ारों मर्तबा जिसने छला चेहरे बदल हमको,
वो तोता-चश्म थी, हम रात की रानी समझ बैठे।

समर्पित थी मुहब्बत में अलौकिक इश्क़ था उसका,
उसी मीरा को राणा जी तो दीवानी समझ बैठे।

---

1. नूर/रौशनी/आभा, 2. कठिन (खतरों से भरी), 3. मृग मरीचिका, 4. प्यास, 5. बुद्धिमता/अक्लमन्दी

जो छलके आँखों में आँसू तुम्हारे नूर का सदक़ा,
वो दौलत को इबादत की भी वीरानी समझ बैठे।

अधूरी मंज़िलें हासिल हुईं हमको 'शलभ' अक्सर,
हम अपनी बेकली में जिनको लासानी[1] समझ बैठे।

1. अद्वितीय/बेजोड़

ख़्वाहिश की इक गली में ही गुज़री तमाम उम्र

ख़्वाहिश की इक गली में ही गुज़री तमाम उम्र,
उसके ही दर पे तो रही बैठी तमाम उम्र।

मैं पर्वतों को छोड़ के शहरों में आ बसा,
मुझसे रही ये ज़िन्दगी रूठी तमाम उम्र।

कोशिश में हूँ समुन्दरों से जोड़ दूँ उसे,
वो इक नदी जो प्यास की भोगी तमाम उम्र।

फिर से जो भगवा रूप में मुझको लुभाओगी,
फिर तो रहेगा मन मेरा जोगी तमाम उम्र।

कच्ची फ़सल को तोड़ना संगीन जुर्म है,
पहनाएगी ये जेल की टोपी तमाम उम्र।

सागर में इश्क़ के अगर डुबकी लगाई तो,
फिर ढूँढ़ते रहोगे ये हस्ती तमाम उम्र।

रखिए मुहब्बतों से सराबोर इश्क़ को,
मिलती रहेगी यार की 'मिष्ठी' तमाम उम्र।

ये हुस्न नामुराद है और इश्क़ फितरती,
क़ायम रहेगी दोनों की जोड़ी तमाम उम्र।

चखना 'शलभ' कभी न मुहब्बत के सूप को,
आती रहेगी याद की हिचकी तमाम उम्र।

अब ग़मों से दिल बचाना है बहुत मुश्किल शलभ

अब ग़मों से दिल बचाना, है बहुत मुश्किल शलभ,
कौल को अपने निभाना है बहुत मुश्किल शलभ।

किस तरह ये सर बचाया किस तरह दस्तार को,
आपको सब कुछ बताना है बहुत मुश्किल शलभ।

वो ग़ज़ाला-सा लगा था हमको सहरा में कभी,
दर्द अपना ये भुलाना है बहुत मुश्किल शलभ।

चाहता है दिल बहुत, आँसू सभी के बाँट लें,
चीर कर ये दिल दिखाना है बहुत मुश्किल शलभ।

प्रेम से ही तो धरा पर सुख अमन आना है तय,
पर ये दुनिया को सिखाना है बहुत मुश्किल शलभ।

जाति-रंगों, धर्म-पंथों, बोलियों में हम बँटे,
दुनिया को 'इक सुर' में लाना है बहुत मुश्किल शलभ।

धर्मों के आधार पर जो सरहदें बँट जाएँगी,
ऐसी दुनिया को बचाना है बहुत मुश्किल 'शलभ'।